挑戦しよう！

定年・シニア起業

岩本　弘

カナリアコミュニケーションズ

プロローグ

なぜ今、起業なのか？
超高齢化・70歳年金時代に備える

「70歳起業」が思わぬ反響を呼ぶ

平成26年正月のことです。私の年賀状が思わぬ反響を呼ぶことになってしまいました。私は年賀状挨拶の中で、前年には46年余にわたる新聞社関係を"卒業"したこと、続いて株式会社を設立、日本で初めて登場した単独型「弁護士費用保険」販売代理店も始めていることなどにも、触れておいたのです。

ところが、元旦早々、地元長野県内はじめ東京、北海道、九州など全国の大学同級生、新聞社関係、知人などから「問い合わせ」が殺到。電話やメールからは「どうやって会社を作ったのか」「弁護士費用保険の詳しい中身を教えてくれ」など、熱い思いがヒシヒシと伝わってきました。やはり、古稀を目前にした私の「70歳起業」はパンチの効いた「出来事」だったのかも知れません。

最も強い関心を寄せたのは団塊の世代の後輩たちでした。彼らは戦後のベビーブームと呼ばれる昭和24、25年生まれを核とする65歳前後。60歳の定年を経てほぼ5年間の"定年延長"が終わったばかり。これから本格的な年金生活の仲間入りというタイミングで、先輩である70歳目前の私の起業を知り、かなりショックを受けたようなのです。

起業だけでなく、"気業"も大切に

私の高校、大学同期の中には親から代々の会社を引き継いだり、サラリーマンでも60歳の定年前に起業した人もいます。しかし、異常とも思える起業への強い関心は、改めて私にもショックなことでありました。新シニア世代のためにも、「起業案内」は絶対に必要だと思いを新たにしたのです。会社設立だけでなく、休む間もなくシニア起業の出版を決断したきっかけにもなりました。

周囲からは「新聞社で役員や関連会社の社長までやったのに、なぜ?」と質問も受けました。しかし、世界でも類がない日本の少子超高齢社会の中、国家財政はもとより、年金、医療など、取り巻く環境は年々、厳しさを増すばかり。シニア層にとっても、受難時代の様相を強めています。「これはえらいことになる」という実感がヒシヒシと湧いてきます。

そんな中、70歳の私でも会社を興し起業できました。わずか半年でフェイスブックからブログ、さらにはアマゾンなど国内外との輸出入の準備もできるようになりました。いま日本では、55歳から79歳までの人口が約4000万人。3人に1人がこの層に入ります。団塊世代だけでも1000万人を超えます。シニアの皆さん、あなたにも起業できます。起業だけでなく、気持ちを前向きに、"気業"も大切にしてほしい、そんなことを切に願っています。

70歳年金時代の"地ならし"が始まっている

「この先どうやって生き延びられるか不安だ」。このところ、あちこちでこんな会話が交わされています。その発火点となったのが一連の年金問題です。何しろ年金が貰えなくなるかも知れない。そんなバカな…。新聞やテレビ、雑誌などは相次いで特集を組み、歴代政府の責任を声高に叫んでいます。ベビーブーム生まれの団塊世代もいよいよ年金受給年代に突入。このタイミングで年金問題が炎上し始めたのは、単なる偶然の一致でしょうか。

日本の少子高齢化は予想以上のテンポで進み、国民4人に1人が65歳以上という世界でも類がない「超老人大国」とさえいわれています。1人暮らしの高齢者比率も急増しています。2014年4月に総務省が発表した前年の人口推計では、15歳から64歳の生産年齢人口は32年ぶりに8000万人を割りこみました。このまま推移すれば、年金を含めた財政破綻は必至の情勢です。

政府関係者等の間では早くも「支給開始は67歳〜68歳まで引き上げるべきだ」「年齢が高くなってから年金を受給すれば増額されるシステムを今の最高70歳から75歳までの選択制にできないか」との本音も出始めています。社会保障制度改革国民会議などでも主要な課題になっています。

このままいけば年金破綻は必至として「支給開始年齢引き上げ」「支給額減額」「保険料率アップ」の3点はもはや避けられない、との見方も出始めています。「70歳年金時代」の〝地ならし〟が始まっているのです。一方で国家財政が大ピンチになりつつある現状から、いっそのこと年金を廃止して関係省庁の公務員を一気に減らし、財政再建を優先すべきだとの厳しい指摘もあるほどです。

シニア世代に次々と降りかかる多くの難問

２０１４年5月、日本中に大きな衝撃波が伝わりました。「日本創成会議」の人口減少問題検討分科会」（座長・増田寛也元総務相、元岩手県知事）が、２０４０年時点で予測される「消滅市町村リスト」を公表。子供を産む可能性が高いといわれる20～39歳の若年女性の人口予測に着目し、全国１８００の市区町村ごとに推計。約25年後には約半数の８９６自治体が「消滅しかねない」と具体名を公表したのです＝『地方消滅』（増田寛也編著・中公新書）参照。

これには各県知事、市町村長などは大慌て。推計方法などの差異はあるものの、創成会議の指摘のように首都圏への一極集中により、地方では「限界集落」に代表される過疎化に歯止めがかからず、多くの自治体が悩みを抱えています。ひと昔前まで多くのサラリーマンは定年後の悠々自適、晴耕雨読が目標で、あこがれでもありました。しかし、年金問題だけでなく、少子高齢化に伴う医療費の負担増、消費増税はじめ諸物価の高騰、老後の施設入所、介護に一定の枠をはめられるなど、難問が次々にシニア世代に降りかかってきました。

シニア世代対策の社会問題化は世界共通

こうした傾向は、先進各国も同様の悩みを抱えています。公的年金だけをみても、米国、独国は支給開始年齢を67歳に、英国は68歳にそれぞれ引き上げる方針といわれ、65歳以上のシニア世代対策が世界共通の社会問題にもなってきています。特に日本は先進国と比べても、15歳未満の年少人口の減少に歯止めがかからず一層深刻です。せっかく積み立てた年金を満足に貰えなくなるなんて、腹の底から怒りがこみあげてきます。「平均寿命まで生きると、老後もあと1億円は必要」などという試算を見せられると、悲壮感さえ漂う昨今です。

年金受給額は、平成23年度末の厚労省調査で国民年金1人平均1カ月5万4600円（夫婦合計11万円余）、厚生年金は1人平均月額14万9300円余（夫婦だと27万4200余円）。しかも、多くの人は年々減額されており、特に高齢者層の不安感は増すばかりです。また、20、30代の若い層からは「将来は年金なんて貰えないかもしれない」と、半ば諦めの声さえ聞かれます。

本格的な老後を前にした不安と疑心暗鬼

この先、どのように生きていけばいいのか。もっと言えば「どのような死に方をしていけばいいのか」。貯蓄も多いとも言われる高齢層とはいえ、こんな本音さえ聞かれる昨今です。団塊の世代が65歳に達し、年金をフルに貰える時代に突入。今度は、そのあとに続く若い世代との年金受取額の格差問題も浮上。新たな課題も浮き彫りになってきました。あなたなら、どうしますか。

例えば、生活費を年金の範囲内に収め、ギリギリに切り詰める方法もあるでしょう。食事は一日100円以内。電話、携帯・スマホはなるべく使わない。車も売ってしまう。夜は早く寝る。洗濯は週1回。年賀状はできるだけ出さない。冠婚葬祭も欠礼。しかしガンにでもなり、入院が長引けばどうしますか。親が突然、認知症になり介護をしなければならなくなればどうしますか…。

預貯金などの取り崩しにも限度があります。数え上げればキリがなく、気が遠くなります。悩みは深まるばかりです。昭和20年の終戦時、紙クズ同然となった戦時国債などの悪夢が頭をよぎり、「まさか今度も…」と、これからの本格的な老後を前に不安と疑心暗鬼にならざるを得ないのです。

起業によるシニア世代の新たな生き方

本書はこうした不安に対して、起業をキーワードにシニア世代の新たな挑戦・新たな生き方を提案するものです。シニア世代は55歳から60歳定年を迎えた世代以降、さらに79歳までのざっと4000万人が対象の目安となります。これは日本の人口約1億2750万人のほぼ3分の1にあたります。

本書のシニア起業の対象も4000万人全員という訳ではありませんが、シニアは戦後の高度成長を支えてきた苦労人。それだけに、年金、国家財政ともに、ここまで重症に追い込んだ歴代政府の責任は極めて大きいと断ぜざるを得ません。かといってこのままズルズルと何もしないでいていいのでしょうか。むしろ、これからは健康が許す限り「お上」にできるだけ頼らず、自力で立ち向かう、いわばシニアの自立という考え方も必要ではないでしょうか。

日本だけでなく、先進各国でも65歳から75歳、時には80歳を超えるシニア世代が生活のために起業するケースが増えているといいます。NPOなどの対処法もありますが、本書では主に個人事業や会社を含めた企業・法人形態の起業に焦点をあてました。すでに多くの方が起業に関する本を出版されておられますが、対象が20、30代の若い層から60歳前後の年代が大半です。本書のように70歳で起業した実践本はほとんど見当たりません。

少資本・小規模・NOリスクの三原則

政府もようやく、シニア層の起業を促す政策を強めています。それを理由に財政健全化ができないようでは困りますが、起業セミナーの充実や各種助成金の増額など、シニア層にとって起業しやすい環境になってきたのも確かです。会社設立の基礎的な方法から、守ってほしいこと、具体的な事業展開案などについて、高齢者でも実践できるように、私の体験、時には失敗も含めてシニア起業の鉄則、法則、裏ワザをお教えしましょう。

著者
りんかい線・国際展示場駅前にて
（東京ビッグサイト最寄駅）

同時に若い年齢層の皆さんにも、現在の高齢者が置かれている現状をもっと知ってもらいたい、そんな願いを込めてできるだけ判り易く解説しました。そして、今なぜシニア層が起業という〝きつい〟第2、第3の仕事を急がなければならないのかにも触れました。やがて、「来るだろう」若い皆さんの老齢時代に対し、少しでも事前準備や心構えのお手伝いができれば、とも思います。いわば20代から始めるシニア起業の心とでも言えましょうか。また、最近、盛んになってきた女性、特に主婦層の起業対策も若干、触れておきました。

シニア起業の三原則は「少資本」「小規模」「NOリスク」といわれます。シニア起業はまったくの「素人」でも可能。要はヤル気。本書を手に取ったあなたは明日から「社長さん」です。肩の力を抜いて一緒に学んでいきましょう。

3つの視点からシニア起業にアプローチ

本書の構成は大きく分けて3つに分かれています。

まず、日本はじめアメリカなど諸外国の厳しい少子高齢化社会の現状を分析。なぜシニア起業を急いだ方がいいかを一緒に考えてみます。ここにきて、ようやく政府もシニア対策に本腰を入れ始めました。そんな最近の情勢も考えます。

2つ目はシニア起業にあたり、どんな準備をしたらいいのか、私のささやかな経験等も交え、詳しく解説します。基礎的な起業方法はもちろんです。事前の準備を含め、これを読んでいただければ大筋の起業方法は習得できるはずです。法律的な決まり事もあるので、手抜きせず、頑張ってください。途中、やや面倒な作業も入ってきますが、今後の会社運営に必ず役に立ちます。

そして3つ目は、具体的な会社の事業展開の案内を行います。最近は、従来の製造、販売分野の他に、情報・知識をおカネに変えるビジネスも盛んになってきました。ネットビジネスです。動画を活用して億単位の収入をあげている人もいます。そうした最近のトレンド情報もできるだけ紹介します。

２００６年の新会社法で、株式会社設立などが非常に楽になりました。1円起業もOKです。私が実際に取り組んだ会社設立までの手順や留意点などをお見せします。類書とは、取り組む順序やポイントも違っているかもしれませんが、とにかく目線を低くして、判り易い内容を、と心がけたつもりです。

さあ、みなさん。シニア起業で新しい生き方をしましょう。

２０１５年1月

岩本　弘

もくじ

第2章　シニア起業家は準備に時間をかける

もくじ

第3章 私の奮戦記と実践ノウハウを一挙公開

もくじ

第4章
広がる起業の芽。シニアの経験が生きる

もくじ

第1章

シニア起業家は、超高齢社会の怖さを知っている

これからどうなる?-日本の少子高齢社会
その深層を探る

1 「死亡消費税」の衝撃！

◆厳しい現状を冷静に見つめよう

２０１３年6月。首相官邸で開かれた「社会保障制度改革国民会議」。国の根幹である社会保障のあり方を検討する極めて重要なこの会議で、これまた極めてショッキングな、ある提案が出されました。何と、国民が死亡した場合にも消費税をとる、というのです。提案したのは安倍首相のブレーンの１人でもある伊藤元重東大教授。「経済財政の視点からの社会保障改革」という資料には「高齢者医療費をカバーする目的」とあります。

要するに、高齢者がおカネを使わずに貯め込めば、国の経済は回らない。遺産相続税の対象にならない人もいる。だから、死亡時に消費税をかけ、それを後期高齢者の医療費に使うという趣旨です。何という発想でしょうか。いくら医療費が大変だからといって、「棺桶にまで手をつけるとは…」。

こんな厳しい意見、批判が相次ぎました。70歳の私も、もちろん怒りに燃えました。しかし、日本の現状をもう一度冷静に見てみると、ついにここまで来たかと。むしろ、ある種のあきらめさえ生じてきます。このままでは、そう遠くない将来、年金も破綻するかも知れないのです。

◆シニア起業を急いだ方がいい５つの理由とは？

なぜ今、シニア起業を急いだ方がいいのか。はじめに主な理由をざっと５つ程あげてみます。「何だ。知っているよ」など、すでに皆さんがご承知の事柄も多いとは思います。あるいは、あまりにも厳しい現実・暗い話にうんざりしたり、ヤル気をなくす人もいるかもしれません。しかし、昔から「ピンチはチャンス」と言うではありませんか。

私は戦前の昭和18年生まれの71歳。高齢者です。確かに私たちにとって、厳しい現状ではありますが、逆に考えれば、これを契機に何か新しいことでもできないか。そんな機会にしたいのです。単純な数字でも、よく分析すれば、意外なヒントが隠されていることも少なくありません。

では、次の５つの問題から始めたいと思います。

①日本は異常な少子超高齢化が進み、多方面に「歪み」が生じている
②シニア層の頼みの「綱」である年金が危ない
③医療費の他、諸物価高騰で、シニア層の生活苦も深刻化
④欧米でも、シニア層対策が大きな社会問題に

⑤助成金拡充など、国内ではシニア起業に「追い風」が吹き始めている

2 長生き100歳時代も到来か？

◆世界でも類がない日本の超高齢社会

日本の少子超高齢化は予想以上の速さで進んでいます。スーパーに行っても、足元も覚束ないようなお年寄りがようやくの思いで買い物を済ませ、タクシーに運転手さんの手助けで乗り込んでいる姿をよく見かけたりします。明日は我が身。そう、私たちも、もう10年、15年もすれば、こうした状態になることでしょう。買い物に行ければよい方で、寝たきりかも知れませんね。

厚労省の調べでは、日本の100歳以上のお年寄りは2014年9月1日現在5万8820人で、44年連続過去最高を記録。前年に比べ、4423人増です。最高は明治31年生まれの116歳の女性。男女問わず世界最高齢でした。男性の国内最高齢は111歳で、それぞれギネス社から認定されています。内訳は、女性は5万1234人で全体の87・1％、男性は7586人。

100歳以上の調査が始まったのは1963年で、わずか153人でした。

98年に1万人を超え、２００7年3万人、12年5万人を突破しています。また、「平均寿命」は13年に男性80・21歳、女性86・61歳と、過去最高を更新。国際比較では、女性は2年連続世界トップ（ＷＨＯ調べ）。

男性は前年5位から4位に（男性の1位はイタリア半島にあるサンマリノ。平均82歳。世界最古の共和国で人口3万２０００人余といぅミニ国家）。日本は世界でも類を見ない超老人大国になっており、むしろ、こうした高齢者層の増加が、逆に深刻な問題も引き起こしています。

喜んでばかりいられない状況なのです。例えば、65歳以上の全人口に占める割合。05年に20・2％でしたが、わずか7年後には24・1％と、３０００万人を超えました。このうち、後期高齢者となる75歳以上の高齢者は、全人口の12％。１５００万人を超えています。もっとも、自分で生活（自立）できる年齢を主体にした「健康寿命」（男性70・4歳、女性73・6歳）との捉え方もあります。国もこの健康寿命を伸ばすことで、財政負担を軽減できれば、と取組みを強化しています。

◆10人に4人がお年寄りの異常な国へ？

ＷＨＯや国連の定義では、全人口に占める65歳以上の高齢者の割合を高齢化

高齢世代人口の比率

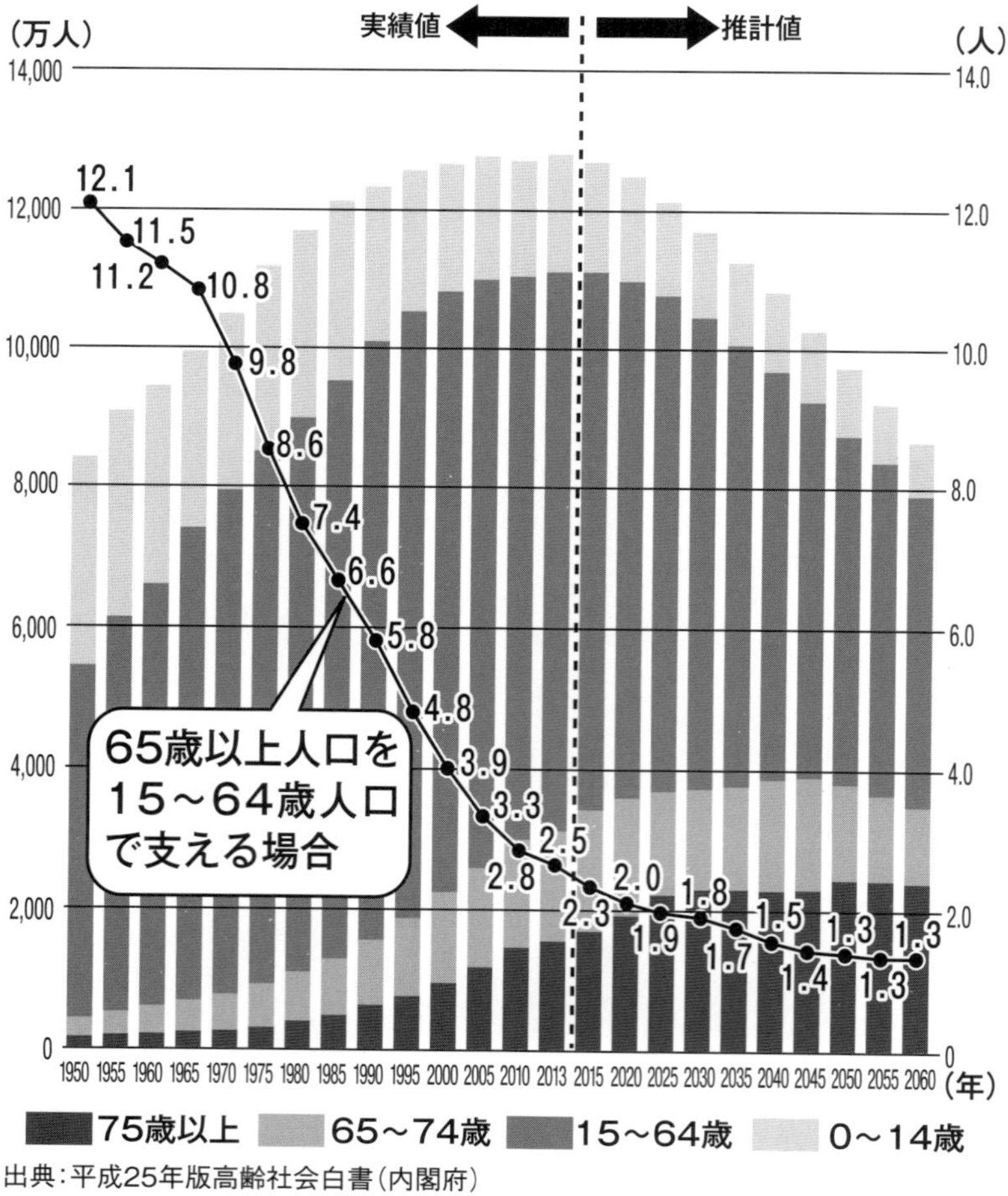

出典：平成25年版高齢社会白書（内閣府）

資料：2010年まで総務省「国勢調査」、2012年は総務省「人口推計」（平成24年10月1日現在）、2015年以降は国立社会保障・人口問題研究所「将来推計人口（平成24年1月推計）」の出生中位・死亡中位仮定による推計結果率といい、高齢化率が７％を超えると「高齢化社会」。14％超は「高齢社会」。21％を超えると「超高齢社会」とされています。世界の先進国の高齢化率は平均で２０１０年に16％。日本の24％は断トツに高く、日頃、少子高齢化社会と言いがちですが、高齢化の段階はとっくに超えて超高齢社会なのです。

世界屈指の長寿国日本。地球上で一番の楽園にも聞こえる日本ですが、試練が待ち受けています。まず人口減少問題。06年をピークに下降し始め、10年には1億2771２万人に。30年1億1522万人、ほぼ35年後には、1億人を割り込み9515万人まで減少すると予測しています。

さらに悪い数字ばかりが並びます。現在の出生率、死亡率が同じように推移すれば、２０６０年には人口は推定8673万人、２１００年には総人口５０００万人弱まで減少し、明治末頃の人口規模になる見込みといいます。しかも65歳以上の高齢者は3460万人、39・9％に達する可能性が高いのです。14年2月、内閣府は専門機関の統計調査を元にこんな厳しい予測もしています。国民10人に4人がお年寄りの異常な国、となる可能性があるのです。

◆「大学全入時代」も始まっている？

14年8月23日、予想もしないようなニュースが飛び込んできました。大手予備校の代表格でもある「代々木ゼミナール」を運営する高宮学園（東京都渋谷）で、全国27カ所ある校舎を7カ所に減らすということが明らかになったのです（日本経済新聞など）。「代ゼミ」の愛称でも親しまれていた同校は、駿台予備校、河合塾と並ぶ「予備校御三家」ともいわれていました。大学を選ぶ際に全国での自分の学力水準を図るバロメーター校のひとつでもあっただけに関係者に衝撃を与えました。

背景には大学受験など、教育分野をめぐる大きな環境変化があると見られます。文科省の調査では現在、国内の大学は国公立、私立あわせて781校。約45年前に比べ2倍。在籍者も146万人から2倍近い285万人に増えました。92年の大学進学率は39％。現役：浪人の比率は2：1でした。これが01年には進学率51％。現役：浪人比率は6：1に激減しています。

もっとも18歳人口が66年には250万人もいたのに、11年には120万人と半分以下に減少。競争倍率も2・6（66年）から1・1（11年）との数字がでており、「大学全入時代」は時間の問題という指摘もありました。同予備校は、こうした大きな変化の波に上手くついていけなかったのではとの声も聞かれますが、少子高齢化の影響はさらに各方面で拍車がかかると見られます。すでに小中高の一貫校方式、幼稚園からの青田買い入学。入学金減額など、あらゆる変化がおきています。

◆大学学生寮も定員割れを起こす

都内及び周辺に地方から進学した学生の寮があります。それぞれ形態は違いますが、一部を除き定員割れを起こし、経営を圧迫するようになってきたのです。私のふるさとの長野県諏訪で、ある学生寮の学生、保護者と地元後援者の年に一度の会合が開かれます。この学生寮は「長善館」といい、江戸末期に諏訪高島藩が子弟の文武両道指南のため設けた藩校の名前を引き継いだもの。明治に入り、学生のためにと諏訪藩主家の援助で「開寮」。昭和20年の戦災後は東京・巣鴨から調布市若葉町に移転。最寄り駅は京王線・仙川駅。すぐ目の前には小沢征爾さんも学んだ桐朋学園大学もあります。運営は公益財団法人諏訪郷友会。在籍ＯＢの他、地元有志の会費、寄付などで賄われています。

その新理事長に選任された堀内敏宏さん（元ＮＨＫ解説委員・東京小平市教育委員長）は会合で「少子化で各大学が直営の学生寮を設けるなど、学生の囲い込みが起きている」と挨拶。寮の経営も年々厳しくなっているとして、さらなる支援を訴えました。３階建て同館は、個室41室で定員41人。主に諏訪地方の出身ですが、最近は定員割れスレスレのケースも珍しくなく、同じ長野県内の他地区などからも入館を認めています。堀内さんも私も、この寮にお世話になったＯＢで、私は久しぶりの会合参加。

懇親会では、地元の元諏訪信金理事長で、郷友会代表評議員でもある宮坂久臣さん（83歳）は、「寮生の負担が原則だが、地元の人口も予想以上の減少が予想されている。何としてもこれを守るためにも、地元発展のためにも応援は惜しまない」と力強い挨拶。対する〝ひ孫〟ともいえる学生たちの緊張した面持ちとは対象的で、少子高齢化の断面を見る思いでした。

◆少子化と教育が抱える様々な問題点

この会合では、長年、心理カウンセラーとして、ＮＨＫラジオ「子どもと教育電話相談」のアドバイザーをつとめ、信濃毎日新聞でも教育コラム「コンパス」を連載中の内田良子さん（岡谷市出身）が「生きにくい時代を生きる子どもたち～いじめ・不登校・ひきこもり　を考える～」と題して講演。最近、長崎県佐世保市で起きた女子高校生の殺人事件など、凄惨な事柄を引き合いに出しながら「今の子供は2歳、3歳から昔とは比べものにならない程の〝早期教育〟を受けさせられている。早すぎます。これも少子化で、親の不安が争いを”激化“させているため」と分析しました。

登園、登校で行くのが嫌だという「登校しぶり」が出始めたら「ストレス発散のための、いじめを受けている可能性があります」。そして、こう続けたのです。「いじめられた子供は学校を休めないと、最後には自ら命を絶つか、身を守るために非行に走るのです」。少子化というと、子どもの数や女性の責任論がクローズアップされがちな現在、参加者はうなずいていました。私にとっても、少子化と教育について様々な問題を考え直すきっかけにもなりました。

3 現実味を帯びてきた「70歳年金時代」？

◆各種年金も大変な事態、財政基盤は疲弊する

厚労省の調査によると、厚生年金、国家・地方公務員共済、国民年金など公的年金の受給権がある人は２０１４年度現在６９４６万人。この内、重複を除いた何らかの公的年金の受給権を持つ人は３９４２万人で、年々増加しています。ところが、年金受給者を支える若い層が年々減少しています。

30年前には生産年齢人口（15～64歳）７８７３万人だったのに対し、65歳

以上の高齢者は1065万人。若い層7～8人で1人の老人を支えればOKでした。現在は3～4人の若年層で支えなくてはならない厳しい状況。今後、半世紀の間に欧州では未成年者が1割増えるのに、日本は逆に5割も減るとの予測もあり、いかに日本が異常な少子化だということがわかる数字です。

現在、支給されている年金の総額は約50兆円。対する収入は保険料30兆円。国からの資金約11兆円、積立金の運用益約15兆円となっています。特に年金運用は株式などで行うため、その時代の経済状況に左右されます。そこで、人口構成や経済状況を分析し、給付・負担の見通しを把握するため、5年ごとに「財政再計算」を実施してきました。

国民年金法・厚生年金法は、04年には保険料の上限を法律で定めて給付水準を調整する方法に改正。5年ごとに「財政検証」をすることになり、14年6月に改正以来2回目の検証結果が公表されました。厚労省・社会保障審議会などの分析は省きますが、シニアが一番気になるのは次の2点です。

- **夫婦の年金額で見た場合、現役男性の手取り収入の割合(「所得代替率」という)が、政府公約の50%を維持できるかどうか**
- **受給年齢が現在よりもっと上がってこないか**

今回の財政検証では１００年後を見据え、労働力を含む人口予測や経済成長率などについて8パターンに分けて詳しく分析。実質経済成長率がマイナスになれば所得代替率は40％前後まで落ち込む見通しになりました。

14年度の所得代替率は64・1％（夫婦モデル年金月額21・5万円、現役世代の平均月収33・5万円）。これが持続されれば問題はありませんが、経済の情勢次第です。最悪のことも考えて40％まで落ち込めば、夫婦での年金は月額で13万円前後まで減ってしまうことになります（あくまでモデル値）。現在より10万円近い減収となり、打撃は大きくなります。

また、夫婦モデルとなった年金水準が実態にあっていないのではとの指摘も聞かれます。モデル夫婦は、夫が平均賃金で40年勤務したサラリーマン、妻は専業主婦といった設定。比較的恵まれた家庭となっており、年金設定額自体に問題がないかという議論です。また今回の財政検証では触れていませんが、受給年齢について専門家の間では70歳、さらには75歳まで引き上げるべきだとの意見も聞かれ、「70歳年金時代」も次第に現実性を帯びてきています。

◆年金の持ち主不明と未納の問題

さらに深刻なのは、持ち主が不明の年金がまだたくさんあることです。この行方不明の年金記録の存在が明るみに出たのは第一次安倍内閣（07年）時代。当時の社会保険庁（現在の日本年金機構）の調査で、年金番号が合わない年金加入記録が５０００余万件にも達していることが判ったのです。ずさんな管理が原因と、厚生省や社会保険庁（当時）は国会でも追及されました。

これを契機に政府も全容解明に乗り出しましたが、14年現在でも解明できたのは6割、３０００万件だけ。私の自宅にも「ねんきん特別便」という調査表が届いた位で大変な騒ぎでした。厚労省は15年４月から追加調査を徹底する方針ですが、電話・戸別訪問をせざるを得ないケースも多く、結局２０００万件は未解明のままになるのではという厳しい見方もあります。

一方で見逃せないのが年金の未納問題で、特に国民年金は若い層の未納率が多くなっています。「どうせ年金はもらえないから」と半ば諦めの声さえ聞かれますが、これでいいのでしょうか。国民年金は主に自営業者、農業、学生、パートタイマー、無職の人等が対象です（第1号被保険者）。加入者は１９００万人で14年度の場合、保険料は月額1万５２５０円（定額）。

20歳以上60歳未満が対象ですが、最新の保険料納付率は58・2％で、前年度より若干上がってきたものの、約４割の人が未納となっています（厚労省調べ）。せっかく根づいてきた日本の年金制度。これを何とか維持、続けたいものです。また大企業に比べ、加入率が低い中小零細企業に対しても、政府は15年度から日本年金機構への加入を厳しく求める方針といわれます。

◆抜本的な改革が必要な年金制度

こうした中、月刊誌・文芸春秋は14年7月号で『隠蔽された年金破綻「自民党と厚労省の10年の罪業」』と題した追及レポートを発表、大きな話題を呼んでいます。これは自民党衆議院議員・河野太郎氏と日本総研上席主任研究員・西沢和彦氏の共同執筆。前述した5年に1度の年金の財政検証を目前に公にされたものです。レポートでは、次のように厳しく分析しています。

①１００年安心プランなどと言っているが、年金はすでに破綻している
②年金制度は極めて複雑な法律と資金のやり取りになっており、もはや抜本的な制度改革が必要
③受け取る年金額も、納付額に対し世代間格差が大きい。解決策は消費税の活用方式しかないだろう

最後は政治の責任と、安倍政権に決断を迫っています。今後、政府がどのような判断を打ち出すのかは判りませんが、日本の年金問題は極めて重大な局面に立たされていることだけは確か。シニアだけでなく若い人たちにも、もっと関心を持ってもらう方策も必要ではないでしょうか。

4 もう、病院にはかかれない？シニア受難時代

◆医療費大削減時代へ、厳しい治療環境

日本の医療費は、予算ベースで2013年度、総額41兆8000億円。約20年前の90年度の20兆6000億円の約2倍に膨れ上がっています。少子高齢化の影響で今後も増える見通しです。国家財政圧迫の要因ともなっており、政府は14年6月の閣議で決定した骨太方針でも、医療費削減を柱のひとつに盛り込みました。国会本会議では「地域医療・介護総合確保推進法」が成立しました。

主な内容は、

- **高所得者の治療費「自己負担率」を原則、現在の1割から2割にアップ**
- **特養（特別養護老人ホーム・介護保険の対象）入所者は原則、要介護度3以上に制限（現行、要介護度は1～5まで）**

・**在宅医療・介護の推進。そのための基金を都道府県に設置する**

など。また、８月には医療費抑制に向けて、具体的な数値目標を決めるための有識者による専門調査会初会合を開きました。医療機関から出される各都道府県別の診療報酬明細書（レセプト）等のデータを活用。削減数値目標と地域医療ビジョンの策定を行い、15年度の目標導入を目指す方針です。日本医師会などからは、必要な地域医療が提供できなくなる恐れがあるとの声も出ており、病院通いが多いシニア層にとって影響は大きいとみられています。

混合診療制の拡大も影響を受けるのは必至です。混合診療制は、「保険診療と保険外診療の併用」（厚労省）をいい、現在は差額ベッド等を除き原則、禁止されています。政府はこの解禁を計画し、当面１０００カ所の拠点となる医療機関に混合診療を拡大。新成長戦略の中で、医療分野の規制緩和策の柱に据える考えです。これには日本医師会なども当初、国民すべてが平等に治療を受けられる権利が損なわれるなどと反対を表明していましたが、その後、ややトーンダウンしています。また、関係者の中にはお金持ちだけが高度な医療を受けられるようになるのでは、との反対意見も聞かれます。裏を返せば、病気がちなお年寄りにとって、厳しい治療環境が予想されます。

今後は在宅医療、介護が増え、訪問看護師の確保が課題になります。さらに人材不足を補うためのロボットの開発・普及も新たなテーマとなりそうです。

5 消費税はいずれ欧米並みの20~30%台に?

◆消費増税が高齢層直撃、生活難民も続出か!

2014年4月から消費税が5%から8%にアップされました。97年4月、5%に引き上げられて以来、約20年ぶり。早くも国民に大きな影響が出始め、次年度10%への検討を始めた政府も延期を決定、解散を断行しました。

今回も駆け込み需要が増加。車、住宅、太陽光発電、日用品等、消費税アップ前日の14年3月31日ぎりぎりまで買い物客で混雑。さすがに、73年10月の第4次中東戦争に伴う第1次オイルショック時のような狂騒は見られませんでしたが、実施以降、急速に消費が落ち込んでいます。関係者の間では、消費税は欧州並みに15~20%、場合によっては、30%前後まで上げるべきだと言った意見も聞かれます。

ただし、消費税等の仕組みは各国により違いがあります。イギリス、フランス、イタリアなど欧州各国の消費税率はおおむね20％前後で、日本よりかなり高くなっています。しかし、食料品等生活必需品はゼロから5、6％前後に低く抑え、それ以外の例えば贅沢品などとは違う仕組みです。アメリカは消費税がない代わりに、州ごとに小売り売上税を設けています。国税全体に占める消費税の比率問題もあり、単純比較ができない点が問題を難しくしています。

◆日常生活で悩みや不安を感じる人は過去最高に

内閣府が14年8月23日付けで発表した「国民生活に関する世論調査」では、日常生活で「悩みや不安」を感じると答えた人は、全体の66・7％。この内57・9％が「老後の生活設計」に悩みを抱えていることが判りました。

この調査は毎年行われており、前年の調査に比べ2・6ポイント増で、92年に同じ質問を始めて以来、過去最高の数字。この背景としては、年金制度や景気の先行きへの不透明感が背景にありそうといいます。現在の生活への「満足度」がやや減り、代わりに「やや不満」が増えたのも、「今年4月の消費税率引き上げが影響した可能性がある」とみられます。

6 明日は我が身。”ファミレス“社会が迫っている

◆1人暮らし老人が増え、生活保護予備軍も増加

60歳以上の1人暮らし老人は2010年度に全国で600万人を超え、東京都が80万人で最多でした。国立社会保障・人口問題研究所が14年4月に発表した世帯数推計調査では、35年には65歳以上の高齢世帯のうち1人暮らしの老人は4割近くに達する見込み、といいます。地方だけでなく、最近は大都会でも市街地を問わず年々その数を増しています。孤独死が年間3万2000人を超えるという異常な事態でもあり、多くが高齢者です。また全国の自殺者は年間約3万人。世界一の長寿国・日本の哀しい現実です。

「これからは”ファミレス“社会が到来します」。孤独感を強める高齢者の1人暮らしに、評論家でNPO法人「高齢社会をよくする女性の会」理事長も務める樋口恵子さんは、こう警告しています（14年6月28日本経済新聞「シニア記者がつくるこころのページ」岩田三代編集委員）。

樋口さんは「親が亡くなり、兄弟姉妹もおらず、子供も孫もいないファミ

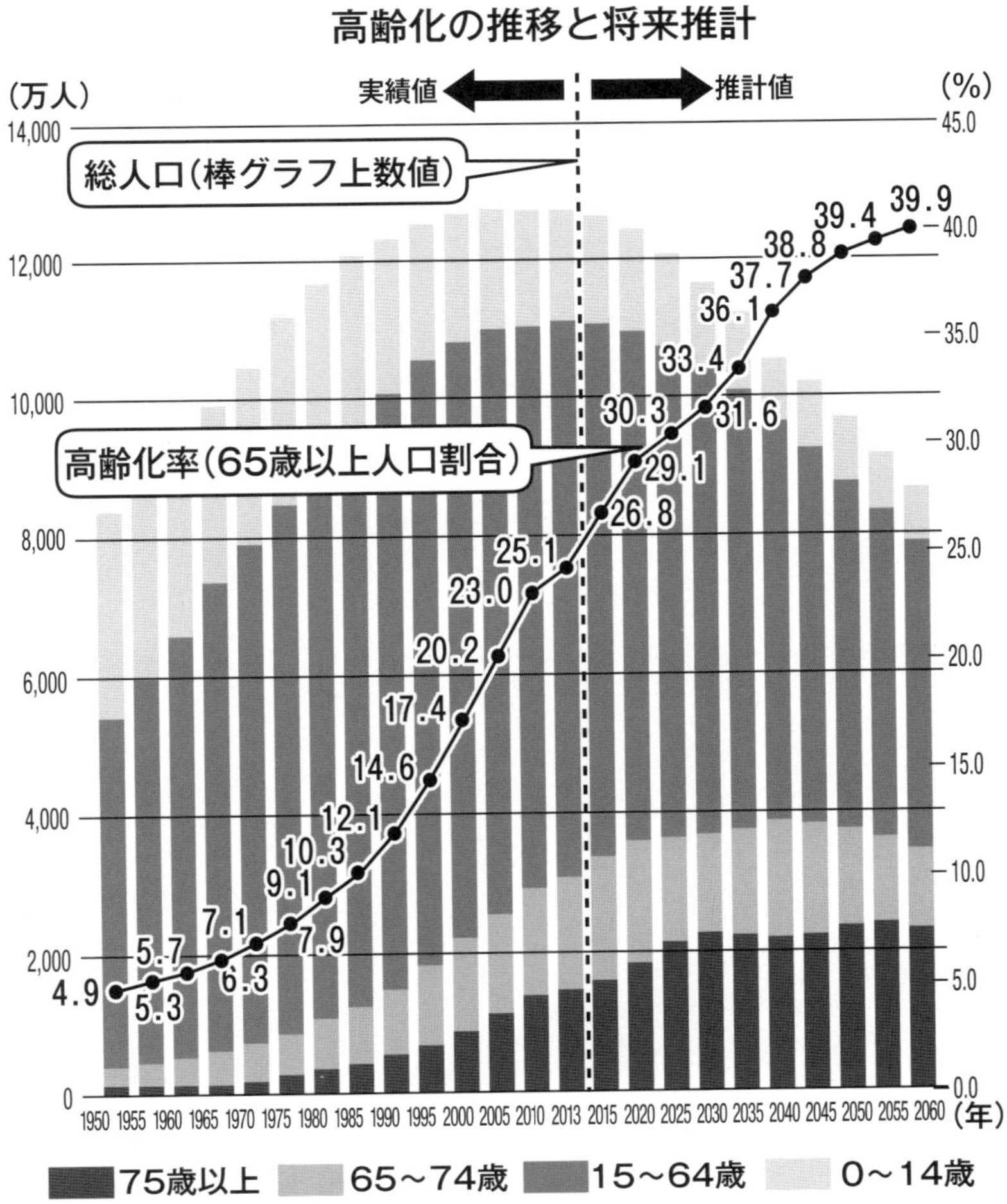

出典：平成25年版高齢社会白書（内閣府）

資料：2010年まで総務省「国勢調査」、2012年は総務省「人口推計」（平成24年10月1日現在）、2015年以降は国立社会保障・人口問題研究所「将来推計人口（平成24年1月推計）」の出生中位・死亡中位仮定による推計結果リーレス（家族なし）の人があふれる本格的な"ファミレス"社会がやってくる」とし、「今の50代は少子化と独身化の最先端にいる。彼らが高齢になった時に、どんな問題が生まれるか。今から備える必要がある」といいます。

30年余にわたり高齢者の研究、権利擁護にも力を入れてきた樋口さんは、主婦の友社から『おひとりシニアのよろず人生相談』を出版。66歳でパートナーをみとり、数年間、1人暮らしも経験されたといい、今は医師の娘さん、愛猫と暮らします。今回の出版でも、身につまされる相談も多く見られます。71歳になったばかりの私、65歳になった我がカミさん共々、明日は我が身という思いで読ませていただく毎日ではあります。

7 空き家820万戸問題、新たなビジネスも出現

◆全国自治体の約半数が空き家・空き地条例を制定

予想はしていましたが、全国の空き家820万戸という数字には驚きました。2014年8月のNHK日曜討論でも、「人口減少社会　どうする空き家問題」としてテーマに取り上げられ、NPO法人「空家・空地管理センター」（埼玉

県所沢市）の上田真一事務局長も参加し、議論が交わされました。

同センターは13年に設立。月額１００円で気軽に空き家管理を依頼できます。所沢市は最近、空き家・空き地も増え、対策に悩んでいました。10年に全国で初めて「空き家・空き地条例」を制定、施行しました。

空き家・空き地は、とかく防犯、防災の面でも問題が多く、所有者に適正な管理を義務付けるとともに、自治体も所有者に対して、必要な措置を勧告できるようになった訳です。しかし、条例ができたといっても、転勤などで所沢市を離れている人にとっては新たな悩みが増えるだけ。そんな状態を何とかできないものかと設立されたのが同管理センターだったのです。

所沢市の条例制定は、同じような悩みを抱えている全国の自治体に瞬く間に広がってきました。11年には和歌山県が都道府県としては初めての制定。14年現在、全国で３３５を超える自治体が同様の条例を制定し、全国自治体の半数にも迫る勢いです。

◆空き家問題の背景に横たわる少子高齢化

全国の空き家は増加の一途を辿っております。総務省が14年７月に発表した13年10月１日現在の住宅・土地統計調査結果では、全国住宅総数６０６３万戸は5年前に比べ305万戸、5・3％の上昇。このうち、空き家は820万戸で63万戸、8・3％の増加。空き家の割合は0・4ポイント上昇し、13・5％と過去最高を記録しました。マンションなどの共同住宅数は2209万戸で、5年前に比べ141万戸、6・8％の増加。住宅全体に占める割合は42・4％と、5年前に比べ0・7ポイント上昇しました。

背景にはやはり、深刻な少子高齢化があります。お年寄りが若い世代と同居のうちはいいのですが、認知症が進んで子供が介護できなくなり、施設に入所。子供達も転勤などで家を空け、次第に実家が遠くなる。そんなケースが身近にたくさんあります。深刻なのは、介護する側の配偶者や子供も年々高齢化、老老介護になってきたことです。そしてついには、双方とも介護施設に入所、または他界する等で次第に空き家の数が増えていきます。

◆固定資産税や相続問題も深刻に

持ち主がはっきりしていても、固定資産税や相続問題が絡んできます。というのも、固定資産税は、「上物」（家）がある土地と、そうでない更地を比べると、原則として更地の方が高くなる仕組みで（地方税法）「家つき土地」の方が有利な税制なのです。当然、相続税にも影響してきます。

総住宅数、空き家数及び空き家率の推移
全国（昭和38年～平成25年）

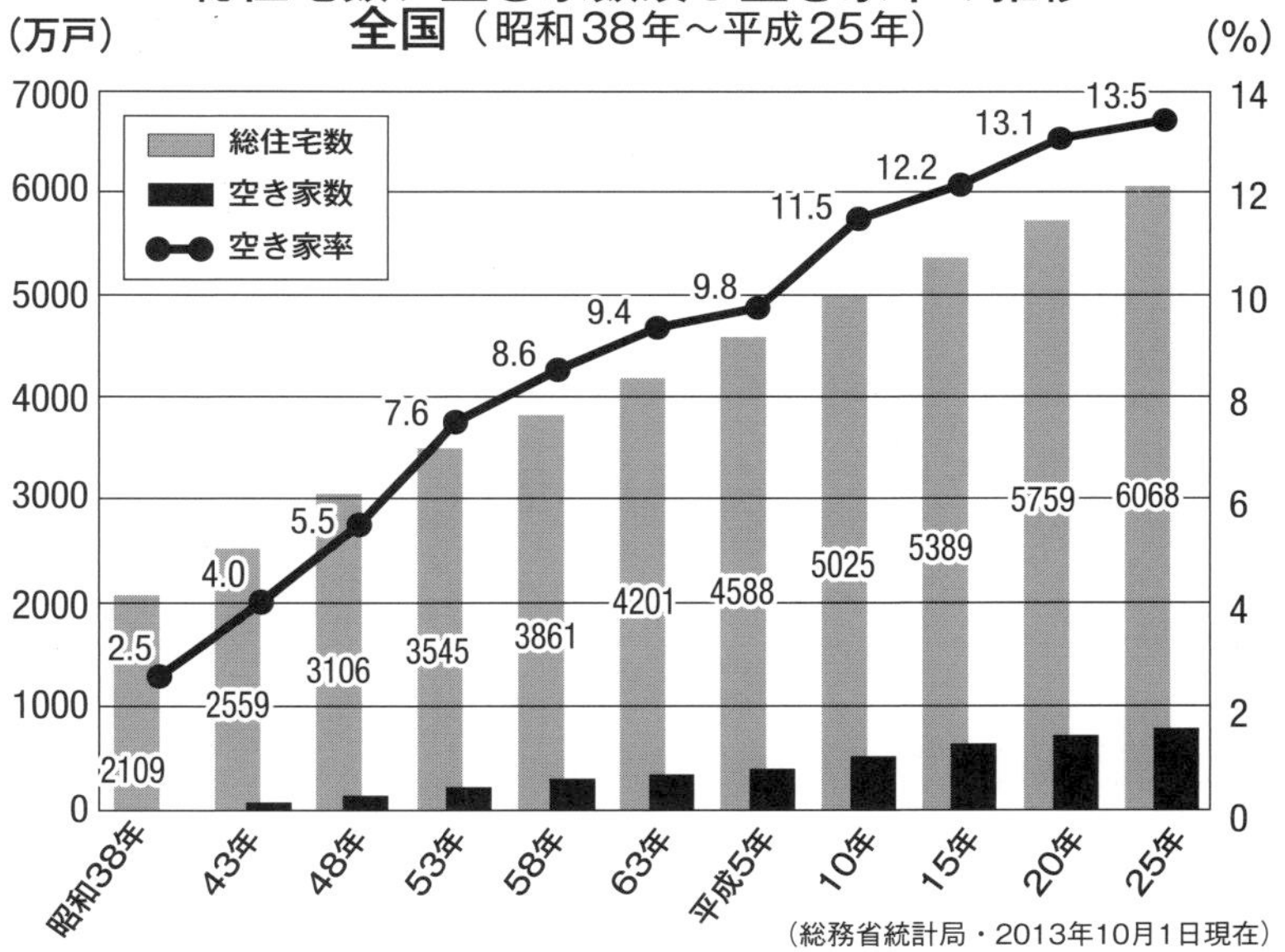

（総務省統計局・2013年10月1日現在）

いざ、古い家を取り壊すことを決心したとしても、今度は、環境問題が絡んで多額の処理費、経費がかかるようになってきました。50万円、100万円、数百万円を超えるケースもあるようです。持ち主さえ不明で、最悪の場合は自治体による強制執行の手段もありますが、そう簡単ではなく、自治体泣かせの物件も増えているといいます。

さらには「無縁仏」「無縁墓」の問題も深刻になってきました。一戸建て住宅よりも、後々、売買もし易いマンションに人気が出はじめているのも、こうした深刻な背景が一面にあるようです。

◆古民家再生の機運が急速に盛り上がる

国土交通省の調べでは、新設住宅着工戸数は06年の129万戸を最高に、この20年は次第に減少。直近の12年度は全国で88万3000戸。ここ数年は横ばいの状況です。大規模な住宅団地の造成でマイホーム時代を後押ししてきた政府の方針も、一度見直すべきではないかとの指摘もあります。歴史を重んじる欧州では民家などの建物は、古ければ古いほど値段が高くなると言われます。こうした中で「古民家再生」の機運も急速に盛り上がってきました。

私が現役時代、松本ロータリークラブでも親しくさせていただいた㈱降幡建築設計事務所（松本市島立）所長の降幡廣信さん（85歳）は、伝統的な古民家再生の先駆的存在。全国を飛び回り、後輩・弟子等の指導・育成にも尽力されて来ました。これまでに手がけた古民家再生、復元は全国約380軒。長野県内はじめ東北から関東、中部、関西、九州まで及んでいます。

再生の〝舞台〟になった各自治体などからは、いろいろな賞も受けられました。例えば、大分県大分市から古民家再生で「豊の国木造建築賞特別賞」、福井県越前市では、料理宿の再生で経済産業省から「グッドデザイン賞」。松本市でも「松本市都市景観賞」を受ける等、これまでに約60回。90年には、民家再生における方法論確立が認められ、日本建築学会賞を受賞しました。

著作も多く、これまでに『民家の再生　降幡廣信の仕事』（建築資料研究社刊）『現代の民家再考』（鹿島出版会刊）『民家再生の設計手法』（彰国社刊）『古民家再生ものがたり　これから百年暮らす』（昌文社刊）など。14年には『民家の再生Ⅱ　転用事例集』（建築資料研究社刊）も出版しました。

◆日本の民家は地域を繋ぐ象徴的存在

降幡さんは、著書『古民家再生ものがたり』で少し変わったエピソードに触れています。日本における代表的な現代建築家として知られ、東京工業大学教授や日本建築学会会長も歴任された清家清さん（05年、87歳で他界）から、古民家再生の依頼が舞い込んできたのです。といっても、直接、依頼があったのは清家さんの奥さん（幸子夫人）。幸子さんの旧姓は岩本姓。実家は埼玉県春日部市近郊にあり、築250年の茅葺の大きな屋敷。

実家の改築・再生は、以前からたびたび検討されてはいましたが、そのたびに清家さんから「古い民家は貴重だから、大事にして」と言われ、躊躇していたといいます。こうした経過から降幡さんは「清家先生は新しいものを造る建築家だが、だからなおさら古い建物には畏敬の念を持っておられたのだろう。奥さんの考えも同様だったと思う」と、文中で記しています。

そして、空き家増加など、最近の現状について「日本の民家は地域を繋ぐ象徴的存在でした。最近は、古来、大切に守られてきた地域の共同体意識が廃れ、過疎、空洞化も招く結果となりました。元はといえば、日本らしくない、よその国を真似した欧米の建築、住宅ばかりが優先されてきた結果ではないでしょうか」。85歳とは思えぬ、力強い、厳しい声が返ってきました。

◆中心市街地活性化で空き家活用に補助を出す市も

若手の中でも、市街地活性化の一環で古民家再生に取り組むグループも多くなりました。倉石智典さん（41歳）＝㈱MYROOM社長は、大手都市開発会社などを経て長野市に帰郷。善光寺周辺の大きな商家が空き家になっているのに着目。これを再生してインターネット接続等のIT環境も整備し、大きなフロアを数社の起業家に入ってもらう活動を始めました。

この動きは、すでに同じ地区でも行われていますが、倉石さんの話ですと、米国の不動産仲介では8割が中古。「不動産＝ストック＝資産」という考え方が徹底していて、同じような再生事業が盛んになっているといいます。このところ、古民家再生は全国でもかなりの流行になってきました。都市再開発、市街地活性化のモデル探求の全国組織もあります。

倉石さんも毎年、北九州で行われるイベント（リノベ祭り。14年夏）に参加。「長野善光寺門前町の再生」と題したスクール講師も務めました。「できればシニア層の方も若者のサポートに回っていただければ面白いコラボもできそう」と期待しています。こうした取組みを受けて、長野市は中心市街地活性化の一環として、空き家活用に補助を出すなどの支援も検討しています。

◆自宅の査定ニーズに応えるビジネスが話題に

一体、自分の家はいくらで売れるのだろうか。こんな疑問にも応えるビジネスが話題を呼んでいます。例えば「イエウール」という不動産情報を展開する会社。「家を売る」。その名の通りのネーミングで全国展開がミソ。東京にいながら、田舎の実家も査定してもらえ、全国各地の不動産業者が〝フランチャイズ〟に参加。スマートフォンでも気軽に査定依頼できます。

こうした取り組みは、他のグループでも実施されています（不動産＆マンション売却査定・com。スーモ。ホームズ不動産売買など）。各社の動き方を見ていくと、「少子高齢化社会の進行で、全国に空き家が続出。それを何とかしたい」

という明確なコンセプトも読み取れるのです。イエウール社を運営する（株）Speee（本社・東京六本木）社長の大塚英樹氏（29歳）は、Webマーケティング、メディア開発、スマホアプリ開発などを中心に活動してきた若手経営者。同じ不動産業でも今後、様々な形態が登場してきそうです。

ゼオンジャパン（株）（本社・東京南青山）が運営する「解体無料見積ガイド」もこのひとつ。全国で解体工事資格を持つ約50万社の中から解体専門業者8000社を選び、同社の登録基準をクリアした約500社を登録。お客は、地元中心に3業者から見積もり（無料）をとって決める方式です。同社はお客と解体業者間の橋渡し役。解体では、事前の自治体などへの届出、リサイクル法、建物撤去後の建物滅失登記など、細かい作業等があります。

8 世界先進国も軒並み高齢社会のお仲間に

◆高齢者対策が共通の社会問題に

米国はじめ欧州など先進各国も、日本と同じような少子高齢化が大きな社会問題になっています。まずグラフをご覧ください。これは日本の内閣府が

主要国の合計特殊出生率と高齢化率

□フランスやスウェーデンにおいては、過去出生率の引き上げに成功。中国や韓国等のアジア各国でも急激な少子化が見られる
□長期的には、日本のみならず世界各国において高齢化が急速に進行

主要国の合計特殊出生率の推移

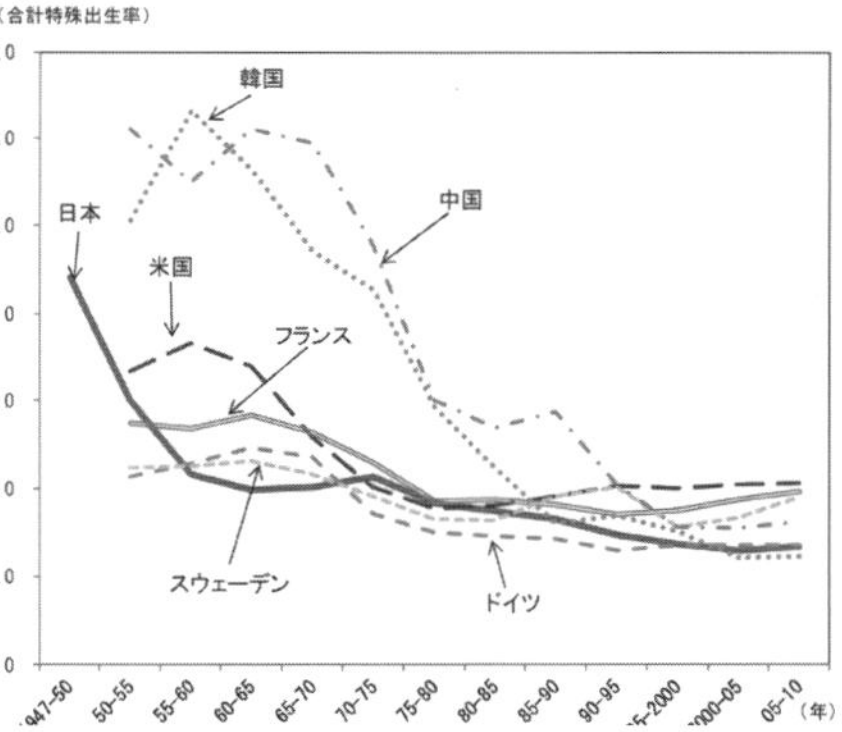

主要国の高齢化率の推移

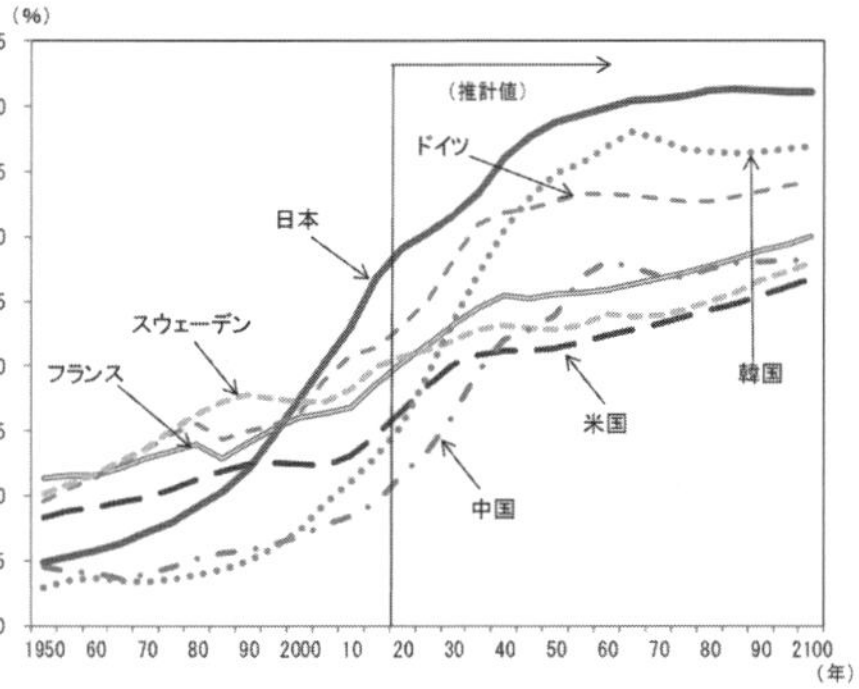

出典2014年2月14日内閣府「人口動態について」)

２０１４年2月発表した人口動態の中にある主要先進各国の高齢化率と合計特殊出生率の表です。このうち高齢化率では２１００年に向けて韓国、ドイツ、中国、フランスなどと共に、米国も30％近くまで近づいていく様子がよく判ります。

もちろん、日本は断トツで40％前後に迫る勢いです。また、合計特殊出生率は、人口統計上の指標で、１人の女性が産む子供の平均数。日本、ドイツは１・５人前後と低迷しているのに対し、米国はじめフランス、韓国等は上向きに転じ、２人前後。世界の少子化問題では二極化の様相をみせています。

◆米国やユーロ圏で高齢化にともなう財政問題も深刻に

米国ではオバマ大統領が連邦予算をめぐり議会と対立。議会側はこのペースで支出がかさむと、25年以内に経済的な破滅に直面する可能性がある等と公表したのです。この背景となったのが、ベビーブーマーの高齢化問題。第２次大戦直後、復員兵が帰還、一斉に出生率が上昇した時期に生まれた世代。ちょうど、日本の団塊の世代とほぼ同じ世代です。

これに加えてオバマ大統領は高齢者や低所得層に対する医療保険制度などの充実を推し進め、結果的に経済成長を上回る費用が増加。このままでは、

２０３８年に米国がギリシャを上回る債務超過に陥るとする米議会との対立となったものです。まさに日米とも少子高齢化に伴う財政負担がギリギリの所まで追い込まれている訳で、日米双方の緊急な対応が求められることにもなりました。

また13年8月、ロイター通信は欧州各国では、少子高齢化のため年金等の福祉を削減するか、福祉を維持するために増税するか、の二者択一を迫られることになろうと伝えています。フランスでは１４０億ユーロ（約2兆円）にのぼる年金赤字を抑制する政府の改革案に対し、労働組合がデモを計画。

またスペインも公的年金の改革に着手しました。同国では景気後退に陥り、３００万人以上が失業、年金保険料の納付も滞りました。移民問題も背景にあり、外国人労働者や若年層の多くが職を求めてスペインを去っていっています。専門家の間では「一般に認識されている以上に、ユーロ圏の打撃は長期間になりそう」との見方も強い、といいます。日本にとっても、景気問題が絡んでいるだけに、気になる欧州情勢です。

◆欧米でもシニアによるスモールビジネスが増える

「欧米では75歳以上の後期高齢者が起業するケースが増えている」。こんな興味深い海外レポートを見つけました。すばる会計事務所（東京都台東区）で広報担当も勤める大西真美さんのブログで紹介されていたもの（ＪＮＥＷＳ・ｃｏｍからの抜粋という）。同会計事務所は起業支援にも力を入れています。

それによると、こうした後期高齢者の起業は「シニア・アントレプレナー」または「グレー・アントレプレナー」と呼ばれています。米国の起業者は約２割が55～64歳ですが、最近はもっと高齢者の起業が増えているといわれます。公的にも高齢者起業は支持されており、米国の公共放送「ＰＢＳ」では、こうしたシニア・アントレプレナーの特集を行いました。

背景としては、自宅でも小資本・ローリスクで行えるスモールビジネスの選択肢が増えてきたことがある、などと指摘しています。ＰＢＳ放送はシニア起業を成功させるための８項目を挙げています。

①事業への情熱を利益へと変える工夫が必要だ
②ポジティブな影響を与えてくれるコミュニティーに参加する
③自分のスタイルに合った仕事の方法、ワークスペースを見つける
④協力者や外注先となるフリーランスを見つけることがコスト削減、収益増加につながる

⑤オンラインセミナー、電子ブックなどから最新のビジネス知識を習得せよ
⑥自分のWebサイト、ブログは必ず持つ
⑦モバイルデバイスを〝ポケットオフィス〟として活用のこと
⑧客・マーケティングのためのソーシャルメディアの活用を

また米国中小企業庁でも50歳以上の起業者を「アンコール・アントレプレナー」と位置づけ、事業プランの作成支援、フランチャイズ加盟のアドバイス、個人事業者向けの保険サービスなどを提供しているといいます。これは日本でもまったく当てはまる重要課題。日米のシニア事情から目が離せません。

9 シニアに追い風？　政府も起業後押し

◆日本の起業率を世界先進国並みに

２０１４年６月24日。この日は、あとから振り返ってみた時、日本の大きな分岐点、ターニングポイントになるような気がしています。第２次安倍政権が打ち出した骨太の方針・規制改革実施計画に続いて、今回の総仕上げとも言うべき日本再興戦略改訂２０１４が閣議決定されたのです。

秋には地方創生関連法案も国会で可決されました。「これで日本は再生できるのか。地域経済の衰退に歯止めが掛けられるだろうか」。今、各方面で真剣な議論も聞かれます。どんな中身なのでしょうか。シニアにとって関連が深い主なポイントは、成長戦略で残されていた課題である労働市場改革、農業の生産性向上、医療・介護分野の成長産業化の各分野です。

同年1月には、スイス・ダボスでの世界経済フォーラムで、安倍首相がさらなる法人税改革、国家戦略特区での岩盤規制の突破、女性の力の活用等についても取り組みを明言。これらを受け、急ピッチで具体策も浮上。関連法案の可決も相次ぎ、うねりさえ感じる状況になっています。

(1) 日豪EPA大筋合意

日豪交渉は、農産物関税の段階的撤廃（コメ等は除く）などを骨子に、14年4月に基本合意。同7月、安倍首相の訪豪で正式合意。国会等批准手続きを経て15年明けには正式発効の手はずに。TPP交渉は継続中。

(2) 公的年金資金運用の見直し

公的年金の運用は、GPIF（年金積立金管理運用独立行政法人）が中心となり、国内外の債券、株式等で行っています。今後は、株式運用の割合を5割にまで高めるなど、積極運用に転じると14年10月31日に発表した。現在、公的年金資金は約130兆円という膨大な額。年金財産が増えるのか減少するのか。金利変動などのリスクもあるだけに警戒する関係者も少なくありません。

（3）法人実効税率の引き下げ

14年4月から2・4％引き下げる法案が可決・施行。引き下げの対象は今のところ、大企業中心。引き下げの財源確保のため、日本の9割以上を占める中小企業に対しては、これまでの優遇措置の縮小もあり得るとの報道もあります。減税、増税のせめぎ合いは、当分、目が離せません。

（4）国家戦略特区とする地域指定

経済特別区域と呼ばれるもの。大胆な規制緩和、税制面の優遇を行い、世界にも誇れるようなビジネス環境を創設する狙いです。政府では国家戦略特区ワーキンググループを設け、さらに詰める方針ですが、その効果・影響について、疑問視するむきもあります。14年5月には第1弾として、東京圏、関西圏、新潟市、兵庫県養父市、福岡市、沖縄県の6地域が指定されました。

（5）中小企業・小規模事業者の革新

シニア起業家にとっても、一番関心が高い部分。大まかにいえば、中小企業対策強化による国際競争力の底上げ、個人保証制度の見直し、国際展開する中小企業の支援実施などです。また、次の3点が主な成果目標。

・開業率・廃業率を10%台に（04年〜09年の平均値4・5%）

・黒字業者を20年までに70万社から140万社の2倍へ

・今後5年間で新たに「1万社」の海外展開を実現

大変な目標で、シニアにとっても追い風が吹いてきたと言えましょう。ところで、これまで各省庁はバラバラに調査を行ってきましたが、12年2月、統一的な総合調査を目指し、初の「経済センサス」が実施されました。それによると、国内の企業は410万社（外国企業は除く）。内訳は株式会社等の法人が192万社（46・8%）。個人経営は218万（53・2%）。全体の売上高は1302兆円、1企業当たりでは3億7226万円（350万社対象）。

企業規模をみると、6割近くが常用雇用1〜4人。5〜9人は17%。全体の約9割は20人未満。資本金も500万円未満が41%で、小規模企業が圧倒的に多い日本の企業事情が浮き彫りになりました。それに対し、大企業はわずか1万1000社でしたが、売上高は全体の半分を超えています。

◆起業時の主な課題には何があるか

10年度に新しく事業や商売を始めた件数（開業数）は約９万件でした。世界先進国の開業率（１年間に開業した会社・法人数が、すでにある会社を含めた会社数全体に占める割合）は、米国・英国等は８〜９％。日本は半分以下の４％程度。中小企業庁が13年11月、00年以降に起業した企業３万社を対象に行った実態調査では、起業時の主な課題として「届出等の各種手続き」「資金調達」「（経営などに関する）知識やノウハウの習得」が多く出されています。

私も13年にメディア関連を主体とする株式会社を設立しましたが、社名、定款等の登記から税務署、警察署、県、市等への提出書類が盛りだくさんでした。関係書類は各省庁にわたり、止むを得ない部分もあるものの、開業率倍増が政府の目標ならばもっと簡素化ができないものかとつくづく思いました。

また、個人事業で独立した場合は年金併用でも減額されませんが、法人起業では収入額により減額対象になります。厚生年金・健康保険の加入を義務化している以上、法人起業者にも何らかの優遇措置は必要。税金面での優遇はあっても要はシニアのヤル気をどう引き出すかです。なお後述するように、開業必要資金の平均は約６２０万円。この内、自己資金は平均２３０万円でした。

◆起業に対する具体的な中小企業施策

次に、どのような中小企業施策を打っているのかを見てみます。

（1）国が公的にサポートする認定支援機関

事業を始めるにはビジョン・構想が必要で、経済のスピードも早く、事前準備も大変。専門的知識やノウハウ、経験等も必須です。13年、中小企業経営力強化支援法が制定、通称「認定支援機関」制度が始まっています。国の公的サポート機関で、商工会議所、商工会などに加え、税理士・会計士や社会保険労務士、弁護士の他、銀行・信用金庫などの金融機関がチームを組んでいます。13年10月末現在で、全国で1万9000機関が活動。

（2）支援ポータルサイト「ミラサポ」開設

国や公的機関による支援情報・施策をタイムリーに把握できるように、13年7月にサイト「ミラサポ」（http://www.mirasapo.jp）が開設されました。開設後2ヵ月半でアクセス数約20万件。ユーザー登録数1万6000件。

支援情報のテーマは創業・起業、人材・採用、海外展開。施策の場合は、補助金・助成金、金融・税制など。例えば、創業・起業の項目では、いかにアイデアを創出するかといった起業のコツ、起業するためのステップ、読んでおくべき本やマニュアルなどが「早わかりガイド」として解説されています。起業にあたっての準備として、かなり大切な肝で、ぜひ活用を検討してください。

この他、新規参入者に経営者や専門家との情報交換の場を提供（13年10月現在、３００近いグループが誕生）。アイデアを募集し、パートナーとのマッチングの機会を提供もしています。また約３０００人の税理士、公認会計士、弁護士、中小企業診断士等専門家との相談もできます。

（３）多様な資金サポート

起業に欠かせないのが資金手当て。国、政府系金融機関等に、多様な支援メニューがあります。目ぼしいものを拾ってみます。

・国（中小企業庁）による創業補助金

女性や若者、後継者による家業を活かした新分野への挑戦。かかる費用の３分の２を上限に助成。13年末までに約２５００件が採択。海外需要獲得型起業・創業（最大７００万円）。年度の募集は終わりましたが、今後も実施される可能性もあるので、情報収集が必要です。

・日本政策金融公庫による融資制度

この中では女性・若者・シニア起業家支援金などが注目されます。年齢が高いシニア層で自宅を活動拠点にするような場合は、億単位の多額の融資は、特別のケースを除き慎重に判断してください。

・**信用保証協会による創業関連保証**

保証対象となるのは、これから起業する人、または創業5年未満の方で、1000万円から1500万円まで無担保が原則です。

他の融資同様に、安易な計画は絶対避けましょう。なお、各種支援事業の詳しい情報、内容については、中小企業庁などに問合せを。巻末の連絡先を参考にしていただきたい。（中小企業庁 http://www.chusho.meti.go.jp/）

◆業種や動機などシニア起業の実態は？

日本政策金融公庫総合研究所が12年8月に実施した「シニア起業の開業調査」を見てみます。同研究所は91年から毎年実施し、12年はシニア起業家（公庫は開業時の年齢が55歳以上と定義）に着目。他の年齢層の起業家とも比較し、そのキャリアや開業動機などの特徴を分析しました。

対象は同公庫融資対象企業。融資時点で開業後1年以内の起業約3000社。回収は25％の782社。男性84％、女性16％。開業時年齢は55歳以上が全体の12％。34歳以下も28％でした。（項目によっては複数回答可）。

①業種：医療・福祉が最も多く22％。次いでサービス業（18％）。飲食店・

宿泊業（15％）の順。

②開業直前の職業：正社員・職員（管理職）が46％で最多。これに会社や団体の常勤役員（23％）を合わせると70％に達し、開業直前に、マネジメントに携わっていたことが判った。管理職以外の社員・職員は11％に留まる。

③開業直前の勤務先での勤務年数：21年以上が44％とほぼ半数に達する。これに対し、5年以下は24％に留まり、多くのシニア起業家は開業直前まで、勤務先に長く勤めあげている。

④開業直前の勤務先の規模：比率としては19人以下が31％と最も多いが、50人～１０００人以上の規模の大きな企業が全体の半数近くに達していた。

⑤開業時の事業内容とそれまでの経験年数：30年以上同じが32％。未知の分野への開業も22％あり、チャレンジするシニア起業の姿も浮き彫りに。最終学歴は48％が大学。高学歴を物語っている。

⑥自宅の所有状況：「所有。住宅ローンはない」が55％で、他の年齢層の起業とは、かなりの差。また、事業以外の収入では、「ある」と回答したシニア層が最も多く52％にも。その38％は年金・恩給だった。

⑦開業動機：「仕事の経験・知識や資格を生かしたかったから」がトップで

51％。次いで「社会のお役に立ちたい」「仕事がしたかった」がともに36％。収入については、「家計を維持できるだけの収入があれば十分」（65％）が圧倒的に多く「できるだけ多くの収入がほしい」（26％）とは、対象的だった。

⑧開業時の自己資金：250万円未満が41％と最も多いが、1000万円以上も23％もいた。平均資金は605万円だが、中央値は300万円だった。

⑨開業準備期間：平均6ヵ月。

⑩開業後の事業規模（売上高）：「拡大したい」が89％もいて、やや驚きの結果。しかし、「株式上場は考えていない」が97％。逆に34歳以下では20％が「考えている」と答え、対象的。

⑪事業継承：シニア層ほど「引き継がせたい」（68％）と答えた。その引き継ぎを希望する「相手」としては、やはり「家族」（一緒に働いていなくても）で、全体の45％にも達していた。

◆開業における支援策の必要性

日本政策金融公庫総合研究所は、13年8月にもシニア起業の開業調査を実施。対象は6850社で、23％の約1600社から回答を得ました。傾向はおおむね前年と同じですが、開業の際の支援策については、「先輩起業家や専門家による助言・指導」「低金利融資制度や税制面の優遇措置」「同じような立場の経営者との交流の場」等があったらよかった－と答えています。

同研究所は、13年11月には融資対象外も含め、18歳から69歳までの男女7万5000人の中から合計1250人を対象に調査を実施。その中で、起業しない（できない）主な理由を聞いたところ「自己資金が不足」「アイデアが思いつかない」「失敗した時のリスクが大きい」の3点でした。

女性に対して、「なぜ起業しない、できないか」を聞いたところ「家事・育児・介護等の時間が取れなくなりそう」を挙げる割合が男性の20ポイントも上回りました。特に女性の社会進出が急務になっており、こうした調査を元に、各方面で起業にも踏み込めるような対応策が求められてきそうです。

同調査における次のような結果も紹介しておきます。

- **開業費用＝100万円未満55％、100万～500万円未満28％、500万～1000万円未満9％、2000万円以上4％、自己資金ゼロ約15％。**
- **開業費用に占める自己資金割合＝自己資金だけで開業57％、金融機関からの借り入れをしたのはほぼ9％。**
- **開業業種＝全体では個人向けサービス業が最も多く29％、次いで事業所向**

けサービス業14%、教育・学習支援業10・8%など。
・主な営業場所＝男女とも自宅が圧倒的に多く65%。

10 4000万人の〟総決起〝？ 高まるシニアの起業志向

◆広がる職場の静けさ、企業は〟戦々恐々〝

いま、あちこちの職場で、奇妙な「静けさ」が広がっているといいます。それは、団塊の次の層、およそ昭和30年前後生まれの年齢層です。58歳か62歳前後。間もなく60歳の定年を迎え、あるいは第2定年の65歳に向けて走り始めたばかり。なぜ？　都内のある会社員（59歳）は「ようやく65歳の第2定年が定着してきた。しかし、年収は60歳時のよくて3割カット。3分の1に減る会社も大分あると聞いています。おまけに、年金もまだ、100%もらう訳にはいかない…」

年金のフル支給は65歳から。60歳から「年金＋給料」を貰っても精々、年間200万～300万円のケースも。これに加えて〟気になる情報〝がしきりに聞こえてきます。定年を65歳まで格上げし、そのあと、今度は70歳までを第2定年にする、という情報です。これまで見て来たように、政府は着々と年金の支給年齢引き延ばしに躍起となり始めています。70歳年金時代も現実味を帯びてきています。

そうなると、先ほど触れたポスト団塊層がモロにこれにかかるのです。「これでは60歳から70歳まで、まったくの低い年収で働かなければいけなくなる」。職場での妙な静けさも、うなずける情勢なのです。間もなく定年を迎え、同じ年代層に今後の働き方・生き方について指導、研修を行う立場でもある長野市内のTさん（58歳）は「みんな、迷っています。このまま、会社にしがみつくか、あるいは、いっそのこと、外に打って出るか」

さらにこうも言います。「社内では、おおむね"偉い層"にいた人ほど、60歳定年を過ぎると、"もぬけの殻"になる確率が高いように感じる。この状態で、第2定年までいくと、社内が淀んできて、会社そのものがおかしくなりはしないか。これが、実は一番恐れていることなんです」

同年代の胸の内が痛いように判るだけに、余計複雑。Tさん自身も今「60歳以降も残留か、何らかの起業か」で迷う毎日といいます。しかし、いざ起業といっても何から始めていいものか、これも迷い道なのだというのです。

厚労省の調べですと、２０１２年現在の55～59歳は約７９５万人で、国民全体の６・２％でした。すぐ上の団塊層でもある60歳～64歳は、１０２４万人。世代別では断トツの８・０％を占めます。団塊に続いてポスト団塊層約１０００万人の動向が今後の焦点になります。職場に残るか、あるいは起業するか。大きな岐路に立たされてもいるのです。

第2章

シニア起業家は準備に時間をかける

さあ実践しよう！　準備から会社設立まで
具体的にいつ頃から何で起業するか考えよう

1　新聞記者出身、起業までの経過

◆信濃毎日新聞を完全リタイアしたばかり

先にも触れましたが、私は2013年春、通算46年余にわたりお世話になった信濃毎日新聞社及びそのグループ会社を完全リタイアしました。大学卒業と同時に67年4月に入社、〝サツ回り〟と呼ばれる警察担当を振り出しに一線記者として第一歩を踏み出しました。配属先は編集局の中枢でもある報道部。

若き部長の塩澤鴻一さん（86歳）＝後の編集局長、副社長、信越放送社長など歴任＝以下、ひと癖、ふた癖もある〝暴れ馬〟記者がズラリ。もちろん私は「末席」。地方紙なので、ほとんどの分野をこなしましたが、主に社会部畑。当時の長野県は高度成長と共に、全国を揺るがすような大型事件が続出。

72年2月に軽井沢で起きた連合赤軍あさま山荘事件では、ちょうど、警察キャップを卒業した直後。札幌五輪取材を終えたばかりの先輩記者を含め、延べ200人以上の「束ね」を任されました。連日の記者会見等では、警察庁から軽井沢に派遣された〝作戦参謀〟で、初代の内閣安全室長も務められた佐々淳行さん（84歳）などとも、やり合ったこともありました。

また、日航機御巣鷹山墜落事故、富山、長野を舞台にした連続誘拐事件などの他、大きな災害も発生。命が危ない、と感じるような危険な取材も少なくありませんでした。デスクにあがっても、あまり休んだ記憶はありません。その後、労務から販売と、新聞一筋。この間の名刺はゆうに３０００枚を超え、今回の起業でも、この人脈が大いに役に立ってくれました。

信濃毎日新聞は明治６年の創刊。全国の日刊紙でも、古い方から3番手の伝統があります。戦前、「関東大防空演習を嗤う」の論説でも知られる桐生悠々が在社した新聞社です。最近は、中馬清福さんが「主筆」として健筆をふるっておられました（14年11月他界、79歳）。通称「信毎」とも、呼ばれます。

入社した時の部数は20万部を達成した直後。当時、社長をされていた故小坂武雄さんが「うちの紙は今、いくらか?」と入社式の際に問われ、私はポカーン。「紙」がまさか部数とは。緊張して瞬時には答えられなかったのです。それが、後に新聞販売の総責任を任されることになるとは不思議な因縁です。

今、部数は約48万部弱と、長野県全世帯数の約６割を占めます。入社当時の社員は約６８０人、今は４３０人前後の体制です。部数と社員数を比べるまでもなく、生産性は大いに上がりました。それを可能にしたのは編集に加え、果敢な技術革新。コンピューターを駆使した紙面編集、新聞制作、印刷部門を中心に、常に新聞業界の一歩先を行く取組みで、日本新聞協会賞を何回となく受賞。報道、キャンペーン等の編集部門も合わせ14回、15件の新聞協会賞受賞は、地方紙としては群を抜いています。

◆あこがれの悠々自適だったが…

成功あり、かつ失敗もあり。私が70歳まで無事に辿りつけたのも、諸先輩、後輩の皆さん、そして何より読者の皆様の叱咤激励の賜物と感謝しています。しかし、最近はインターネットなどＩＴの普及に押される形で、若い人の新聞離れが顕著となり、全国の新聞社も苦労しています。長年、熱烈な読者でもあったご高齢の方々が施設に入所されたり、あるいは他界されるケースも少なくなく、部数減にもつながっているようです。

ともあれ、この本を読んでいただいている皆さんも、長い間勤めて来られた会社、団体などには、様々な思い、歴史があると思います。まして、リタイア、卒業が迫ってくれば、多分、私と同じような感慨に浸ることになるでしょう。

職場がない、行かなくても済む。あこがれの悠々自適ではありましたが、いざとなると何とも言えない気持ち。先輩たちから聞いてはいましたが、さすがに「こたえ」ました。正直な感想です。このまま家に引きこもってばかりいると、えらいことになる。最近、増えている若い人たちの引きこもりの胸の内が、ボンヤリ判ったような感じでした。起業への動きが早まりました。

2 定年前にはサラリーマン人生の総括をしよう

◆自己分析で自分の得意分野を探す

もし、あなたが新たに事業を始められるのであれば、定年後はしばらく骨を休め、その後はあまり日を置かずに、「自己分析」を行ってください。その場合、単なる仕事だけでなく、できるだけ趣味、運動、旅行などの「道草」も含めるようにしてほしい。今後の起業作戦のヒント探しに必ず役に立ちます。

私は、完全リタイア前の半年を起業の準備にあてました。それまでにも、折に触れて構想などをメモに書きつけ、何度も読み返し、起業の具体策をより明確にしました。皆さんもぜひサラリーマン生活の総括をしてみてください。A4コピー用紙数枚に、簡単な「卒業論文」でも書いておきましょう。自己分析の方法は「個人」と「仕事」の2分野に分けましょう。

まずは柱となる「仕事」。

①入社前のアルバイト経験があれば、具体的に。どこで、時給は、期間、「貯めたお金」はいくら位か、その業種は今どんな状態か、発展したか廃れたか。当時の上司とは、今でも交流があるか（これは本当に役に立ちます）

②入社。試験は何社受けた？試験の時期、面接官の顔は覚えているか。何人くらい受験したか。合格は何人？　同期は何人？、今、何人？

③職歴。最初の配属先。その後の部署（できるだけ具体的に）

④国内転勤や海外勤務の状況。単身赴任か、家族同伴か。困ったことは何？

⑤同業他社や取引先の再確認

⑥すべての名刺類、年賀状の枚数、手紙、葉書などの整理

⑦各種名簿の整備。小中高校大学などの同窓名簿、在職中の業界等の名簿整理

⑧運転免許、パスポート（いずれも更新時期の確認）。資格試験合格の再確認、会社（団体）内で取得した資格等

⑨パソコン、スマホ、タブレット、プリンター等ＩＴ機器の確認。ネット環境

⑩自宅にあるビジネス本、参考資料等

「個人」では、次のような点を確認しましょう。

①幼少からの学び歴、学歴。幼稚園、保育園から小、中、高、大学（大学院）海外留学の経験など

②習い事、水泳などのスポーツ教室、学習塾（具体的に・先生の名前も）

③健康状態（手術、入院歴、薬・健康保険、国保など）。過去５年間位の人間ドックの数値、医師の「判定」

④家族、親族状況、預貯金、株式、土地、家屋など資産。住宅ローンなど、借金の有無。今後の相続予測も必須です。特にお孫さんがおられる家庭では、教育資金ならば孫１人当たり１５００万円の優遇税制が適用になります（今後の税制変更に留意）。

⑤趣味（ゴルフ、カラオケ、絵画などを具体的に）など

以上で、ご自分の大まかな分析ができたと思います。箇条書きでもいいですから、Ｅｘｃｅｌ等を使って順次、書き入れてみてください。きっと、新たな発見もあると思います。（自己分析モデル表　仕事・個人参照）

◆ビジネスの原点としての学生時代のアルバイト

エンレスト㈱（社長）兼上海烟美餐飲管理有限公司（董事長＆総経理）岡田

自己分析モデル表〈仕事〉

会社の給与	月給	年間賞与	総年収(税込)	年間総手取り	大学等	海外 留学等	参考・ その他
入社前の アルバイト歴	業種	時給	期間	業種のその後	上司・仲間 交流	貯めたお金	
入社後の 副業歴	業種	1ヵ月の売上	経費	利益			
入社試験	受験企業・ 団体等	受験者・倍率	感想				
職歴	スタート時 の会社等	2次	3次	4次	5次	その他・予備	
国内転勤歴							
海外転勤歴							
同業他社名							
主な取引先							
名刺・年賀状・ 手紙・葉書	名刺数	年賀状数	手紙・葉書				
IT環境等・ メールアドレス	仕事数	友人数	IT環境				
FB (フェイスブック)	仕事数	友人数					
各種名簿類	仕事関係	学校同窓会	趣味等	その他			
資格・ 免許等	運転免許 (期限)	パスポート	資格等 (期限)	その他			
その他							

自己分析モデル表〈個人〉

学び歴	幼稚園等	小学校	中学	高校	大学等	海外 留学等	参考・その他
アルバイト（仕事にも掲載）	業種	時給	期間	業種のその後	上司・仲間交流	貯めたお金	
資格取得・習い事等	資格等	塾等	スポーツ	ピアノ等音楽関係	美術・文芸関係		
健康状態本人	人間ドック回数結果	主な病歴	毎日飲む薬	1ヵ月通院回数	通院の足	その他	
健康状態家族	人間ドック回数結果	主な病歴	毎日飲む薬	1ヵ月通院回数	通院の足	その他	
家族・親族状況	同居人	遠隔地家族	家族総数	おじ、おば人数	いとこ人数	墓地・墓苑等	
資産	自宅（家・土地）	株式・債券等	預貯金	その他土地	農地・山林	貴金属類	
借金	マイホームローン	車ローン	機器等ローン	友人・知人等から	金融機関から		
趣味・ボランティア等	スポーツ	音楽	文芸	旅行等	園芸等	ボランティア等	
相続対策							
その他（係争問題等）							

博紀さん（41歳）は、今、日本と中国上海などを忙しく飛び回る若手実業家です。金沢市出身。東京・神楽坂と中国・上海で高級日本料理店を経営。中国進出コンサル、収益改善コンサル、資金調達アドバイスなども手がけ、日本だけでなく中国、アジアなど各地に広がる人脈も強みのひとつでもあります。そんな大活躍の岡田さんですが、これまでには成功もあれば、痛い失敗も。

そのつど大波を乗り越えてきました。野村證券系のベンチャーキャピタル、ITに特化した投資調査会社、三菱商事、携帯アプリケーション開発会社等を経て同社設立。飲食業を中心に企業再生事業も手がけたりしました。華やかな業界を歩いてきたのに、なぜ飲食業に転進したのか。実は早大時代のアルバイトに原点があり、京王プラザホテルの宴会ウエイターをしていたのです。

アルバイト等で資金を貯め、世界約40ヶ国を旅行。各国のお店、ホテル等を回り、おもてなし業の実態を肌で感じ取っていたのです。その結果、日本のおもてなしは世界にも誇れるビジネス。これをもっと磨いて国際競争力のあるビジネスに育てていきたい。そんな想いを抱いたようです。

支援者からの出資も受け、早速、飲食レストラン事業に乗り出しましたが、3年間は「トイレの掃除から経理まで、すべて自分でもやってみました」と、岡田さん。途中、経営危機もありましたが、何とか切り抜け、現在は上海と東京で高級日本料理店を経営しつつ、講演やコンサルに奮闘する毎日。

２０１０年には『ビジネスで大切なことは　みんなレストランで教わった』（大和書房刊）を出版。日本と中国とは「商習慣も違う。友達付き合いにも、差があり、これが誤解のもとでは」。今後は中国を起点に他のアジア諸国にも展開していきたいとも。学生のような熱気が伝わってきました。

リクルート創立者の故江副浩正氏も、東大時代にアルバイトで始めた求人広告が原点でした。ホリエモンこと元ライブドア社長の堀江貴文氏も同様。こうして見ると、アルバイトの重要性が判ります。起業の業種選びでも、アルバイトも大いに参考になることがお判りいただけたと思います。

3 起業して「あと1カ月いくらほしい？」

◆あなたの家の収支勘定算定法

まず別表をご覧ください。これは収支勘定帳です。奥さんの家計簿やご自分のメモなどを参考に、１ヵ月にかかる日常生活の支出・収入等をすべて書き出

我が家の収支勘定（１ヵ月平均）

		基本額	臨時額	その他・備考
◎収入	本人年金			
	配偶者年金			
	同居者年金			
	株式等配当			
	家賃・駐車場等収入			
	本人臨時給等			
	その他収入			
	◆◆収入合計			
◎支出	固定支出（夫婦合計額）			
	生命保険			
	損害保険等			
	医療保険			
	車両保険			
	電気代			
	ガス代			
	水道代			
	家賃			
	駐車場代			
	ＮＨＫ受信料			
	ケーブルテレビ代等			
	インターネット通信料等			
	携帯・スマホ代等			
	クレジット			
	ガソリン代			
	その他（各自）			
	◆◆固定支出合計			
◎１ヵ月生活費	食費（コメ・野菜・肉魚乳製品その他）			
	日用品			
	服飾・履物費等			
	雑貨			
	交通費			
	交際費			
	娯楽費			
	病院治療費			
	健康対策費			
	教養費			
	その他（各自）			
	◆◆生活費合計			
	◆◆◆支出合計			
	◆◆◆◆１ヵ月収支総勘定			
	★★★★★年間収支総勘定			

してください。会社を始めた後、１カ月に最低、どの位のお金が必要か、収支目標を立てるためです。例えば支出。食費、光熱費、電話代等の通信費、借家の場合は家賃。ガソリン代など車両費、新聞代、ＮＨＫ料金など、毎月必ず支出される項目を入れます。損害保険、生命保険、年金、冠婚葬祭費、医療費等も。次に収入。厚生年金などの年金。株式があれば、配当。投資信託の配当。駐車場、貸家、賃貸マンションなどの家賃収入。さらに預貯金。

皆さんの中には、すでにこうした試算をされた方もおられると思いますが、多分、大変なショックを受けることでしょう。一部の資産持ちは別として、大半の方は超赤字になるはずです。私も当初、唖然としました。普段、これといった贅沢もしていないのに…。サラリーマン生活を卒業するというのは、こういうことか。厳しい現実に直面します。この超赤字に加え、さらに臨時的な出費も試算しなくてはなりません。長期入院費、親・配偶者などの介護費、身内の結婚、葬祭費用など、予想外の費用も計算に入れてみてください。

◆確認作業で自分の得意・不得意が判る

これだけ確認するのは、大変だと思います。「そこまで必要ないよ」と言う方もおられるかも知れません。でも、ぜひやってみてください。類書の中には、

1枚程のシートに簡単な項目を設け得意分野探しをされておられるケースも見られます。それはそれでいいと思いますが、今回、私が皆さんにご提案しているのは、あくまでシニア起業。それも定年前後の起業です。

これまでの人生の総仕上げの準備に入るのです。この確認作業をしっかりやっておけば、自分の得意・不得意がよく判るようになります。私もあれこれやってみました。新会社が目指す事業内容も徐々に明確になってきます。売上目標、さらには大事な定款作り、資産運用、相続等にも関連してきます。

◆老後の生活資金「1億円」の衝撃！

老後の費用は一体いくら位必要なのか。最近、新聞やテレビ、雑誌、ネットでも、こんな試算をよく見かけます。シニア層にとっては、それこそ死活問題。毎日新聞社発行『週刊エコノミスト』（2014年6月24日特大号）も「老後にかかるお金と65歳までに用意すべきお金」と題した特集を組んでいます。

この中で、経営コンサルタント・インフィニティ社長の岩崎日出俊さんは、夫婦2人で老後を過ごすには何と総額1億円は必要と、厳しい予想を立てています。定年後にこんな大金、ある訳がない、ビックリの数字です。老後資金の試算の前提として、岩崎さんは夫婦が何歳まで生きられるかを推定。男性83・

89歳、女性88・82歳の平均寿命に、それ以上に長生きした場合なども考慮し、最終的には男性88歳、女性93歳まで生きると想定しています。

次は老後に必要なお金の試算。まず毎月の生活費。世帯主が65歳以上の世帯（2人以上）の平均月額消費額は25万４０００円（総務省家計調査報告。13年）。夫は65歳まで働く。３歳年下の妻は専業主婦。80〜85歳からは、夫婦とも介護付き老人ホームに入所することも想定し、月額利用料は1人25万円などの推定を元に老後の必要資金を算出しました。

すると、総額1億８６０万円は必要との結論。もっとも、その幾分かは公的年金でカバーされるため、夫婦の年金加入形態ごとに最終的な必要資金について、おおむね３つのタイプに分類。結果は次の通りとなりました。

①**「夫が会社員、妻が専業主婦」**⇓必要資金の67％は公的年金でカバーできるので、差し引き約３５００万円を自分で準備が必要。

②**「夫婦共働き」**⇓2人で共稼ぎなので年金が増え、必要資金の92％は公的年金で賄われる。最終的な必要額は１０００万円未満の結果に。

③**「夫婦とも自営業」**⇓自営業者や非正規の厚生年金未加入者は老後の資金繰りは大変。老齢基礎年金の月額６万４０００円しか貰えないからです。

最終的には、公的年金で老後の必要資金をカバーできるのは38％しかなく、6700万円もの資金不足に。（注）ただし自営業には定年がなく、また会社のような税金面での優遇策・恩典もあります。逆に倒産等のリスクもあり、単純比較はできないので、それらの恩典等は除いて考えてみました。

こうした試算は、あくまで現在と同じような経済環境や年金制度が続くというのが前提。『自分年金をつくる―今からでも遅くない！』（ＫＫベストセラーズ刊）などの著書もある岩崎さんは、今後はインフレと年金受給開始年齢引き上げ、という2つのリスク等も念頭に入れながら、具体的な老後の目標、課題を立てるべきではないか、と警鐘を鳴らしています。

◆パソコンを自己分析にフル活用する

皆さん、準備段階できっちり数字を把握することの大切さがおわかりいただけたと思います。そこで収支勘定表が必要なのです。また、個人・仕事の自己分析は、モデル表を参考にＥｘｃｅｌを活用しましょう。手帳はあくまでメモ書きに留めて、後々追加、訂正する際にはパソコンがいいと思います。

将来、自分史や家族史を作成・出版したり、仕事・趣味などの分野で出版する場合にも、それこそ強力な武器にもなります。私も、新聞社入社以来、仕事の合間をぬって書き貯めた歴史・新聞関連の資料・文章を、パソコンが本格普及し始めた80年代からすべて入力。今では今回の出版とは別にA4版コピー用紙100ページを超える〝冊子〟が出来上がっています。

今回のシニア起業の出版は突然のことで苦労もしましたが、パソコンがなければ不可能でした。名簿管理にも威力を発揮。高校同期のH君は大のゴルフ好き。年間100回近いラウンドスコアをすべてパソコンに入力。同期会コンペで出版を薦めたら、まんざらでもない顔をしていたのが印象的でした。

◆長期的なライフプラン作成が重要

生活デザイン㈱社長等で活躍する藤川太さん（46歳）の『やっぱりサラリーマンは2度破産する』（14年・朝日新聞出版新書）も参考になります。ファイナンシャルプランナーの藤川さんは「家計の見直し相談センター」で2万世帯を超える家計診断を実施してきました。その結果、サラリーマン家計の5割に病気、つまり破産の危機が予想されるというのです。危機のピークは大きく分けて2つで、まず教育費の負担が重くなる時期に訪れます。特に、私立校を目指す場合、低学年から教育費負担がかさみます。

次いで定年退職後。これは老後資金の不足が原因です。子供を産む時期が高年齢化し、退職後も子供の教育費にかかり、再就職も難しく年収が激減。体力が衰える頃には定年後破産という深刻な事態も予想されます。予防のために生命保険の見直し等と共に、長期的なライフプラン作成が重要といいます。

◆企業のコスト削減手法を生活に適用する

調達業務研究家で、㈱アジルアソシエイツ取締役の坂口孝則さんの『新・節約メソッド！4ステップでできる　レシート超活用法』（14年・朝日新聞出版新書）も、ユニークな節約法として話題を呼んでいます。大阪大学卒業後、メーカーで調達・購買・原価企画を担当、バイヤーとして200社以上に関わったあと、「ほんとうの調達・購買・資材理論」「未来調達研究所㈱」など主宰。

坂口さんは、「この本を読めば、本の価格の何百倍ものお金を自動的に貯めることができる」と明言。企業のコスト削減手法を個人生活にも適用し役立てる手法です。その調達コスト削減策を個人の家計に応用するには、

・モノを買う時にはレシートをもらい、財布に貯める

・レシートを紙に貼って眺める

・こうした見える化により集計・管理を行う

など。これをやっていけば、自然に節約意識が高まり、やがて貯金も貯まる

ようになる、といいます。とかく堅苦しい節約ですが、時には肩の力を抜きながらの節約・貯蓄もアリかな、と思うことです。

4 社長になる自分に「エントリーシート」を提出してみよう

◆80歳までのビジネス構想

起業は第2の就職でもあります。言い換えれば、まったく新しい会社に就職するのです。その社長となるのがあなたです。新社長宛てに「エントリーシート」を制作、提出してみましょう。就職試験を受けてみましょう。それには、80歳位までのビジネス構想が必要です。

自己分析の項で、あなたは、どんな分野が得意か、おおむね把握されたかと思います。会社設立後、将来はどんな仕事も追加したいのか、できるのか。大まかな年間売上の目標も入れてみましょう。新人あるいは途中入社希望者が履歴書・職務履歴書を作るように、別の見方で書いてみましょう。

私も仕事柄、以前から採用関係の参考書も随分、読んでみたものです。その中で、キャリア・アドバイザーとして長年活躍されている小島美津子さんの『実例付き　採用される履歴書・職務経歴書はこう書く』（日本実業出版社刊）も、気にいっている本のひとつです。初版以来、約10年間で30刷りも重ねている"老舗本"。勉強になります。

◆キャリア要約の工夫をすれば得意分野が明確に

私が今回、特に注目したのは「職務経歴書」です。履歴書は手書きが原則ですが、職務経歴書の方はパソコンがよい場合もあります。Ｅｘｃｅｌ等を使えば、きれいな箇条書きが完成します。小規模の社長ともなれば、役所等への各種書類から営業関係の書類も自分でこなす場面が出てきます。職務内容もキャリア要約の方法を工夫すれば、得意分野がさらに明確になってきます。

ところで、私も採用では随分と苦労しました。新聞記者、デスクから人事も扱う労務部長になったのは、昭和63年頃。当時は人事部と言わずに、労務部という、いかめしい部署でした。仕事は採用から、社員の福利厚生、労使交渉など、2、3人の少人数で実に多岐にわたっておりました。この内、採用は大変な労力を要しました。新聞社といえば、すぐ編集と思われがちですが、職種のデパートと呼ばれる位に、広告、販売、事業など営業部門のほか、新聞制作、印刷、さらに総務部門と幅広い部署があります。

勤務時間も交代制ながら、朝から晩まで誰かが勤めている不夜城のような存在。私が入社した頃は旧長野、松本両本社の構内で輪転機がうなりをあげていました。今のようなデジタル製版による印刷ではなく、伝統的な活版印刷。

大きな棚に活字が一杯並んでいて、そこを横切ろうものなら「ばかやろー」と怒鳴りあげられたものです。鉛の活字は使ったあと再利用しなければならないので、印刷工場には専用の小型溶鉱炉もありました。屋上付近にはまだ、伝書鳩の「やかた」跡も残されていました。運転手さんも怖い存在でした。

だから、採用はそれぞれの職場の勤務時間から人間関係、シキタリなどもすべて頭に入れておかないと、できません。やはり履歴書と面接を重要視しました。特に中途採用の場合には、職歴が一番の注目点でした。

◆１枚の紙切れが人生を左右する

皆さんがご自分に提出される履歴書・職務経歴書もそんな観点で作成してみてください。また、今後は人を雇う場合も出てくると思います。社員の労働条件についても、皆さんはご経験も豊富だとは思いますが、今から、徐々に馴らし運転を心掛けてください。

新聞社は先ほど触れたように職種のデパート。賃金改定など労働条件を巡っての労働組合との労使交渉も労務部での柱のひとつ。団体交渉にも出ましたが、窓口折衝が中心。労組側とは、かなりやり合ったこともあります。しかし、基本は限られた軍資金の中で、社員の労働条件をいかに上げられるか、双方の折り合いをどこまでつけられるかが、ポイント。

編集、労務の先輩で後に編集局長、専務も務められた瀬木潔さん（74歳）＝前長野放送副社長＝からは「あまり会社側のごり押しをするな。組合側に軸足を置く位の気持ちで当たれ」と、何度もクギを刺されたものです。信毎は長野県内だけでなく県外からも応募を受け付けます。10数人の採用に対し応募者は当時200〜300人、時には500人近くにもなり志望動機の作文と共に、履歴書等の書類選考も大変でした。

長野の他、東京、大阪でも事前面接的な会社説明会を行います。私など総務陣に加え、編集、広告両局長なども同席。労務は7年にわたりましたが、説明会の前に提出してもらう履歴書は実に大切な存在ということを、毎年のように思い知らされたものです。1枚の紙きれが人生を左右することも少なくありません。皆さんも、履歴書には思い出も多いのではありませんか。

販売局に移ってからも、信毎販売陣営の主要な関連会社のひとつである㈱信毎販売センター（本店・長野市）や信毎販売㈱（本店・塩尻市）等の社長も長く勤めました。特に、販売センターは、信毎の全部数のうち6分の1近くを有し、社員180人、配達員など1030人、併せて1200人余の大所帯。営業所も長野市内だけでなく、千曲、東御、茅野各市内など約25営業所に及びますが、最も気を砕いたのが採用でした。

◆起業した先輩や専門家の指導の必要性

会社を立ち上げれば、取引先に対して営業をかけることも多くなります。大きな会社の場合は名刺一枚で済みますが、シニア起業の多くは小規模にならざるを得ません。相手先から「略歴でもいいから送ってください」と言われたらどうしますか。何も準備していなければ大慌てになるでしょう。補助金、助成金や融資申請でも必要になる時があります。自分の履歴書原本は必ず作成しておいてください。市販のもので職歴が詳しく書ける用紙を選んでください。

起業前にアドバイスがほしいというご希望があれば、私宛てにメールを送っていただけますか（book@media-tsusho.com）。正規の履歴書ではなくて箇条書きで結構です。できる限りの回答をさせていただきます。もちろん無料。個人情報は厳重に管理します。これは今回の原稿を書いていて、急に思いついたものです。前出・日本政策投資銀行の調査で「起業する前に、すでに起業した先輩や専門家の指導があればよかった」という回答が20％もあったからです。

私も同じような悩みがありました。完全リタイアしたのが2013年3月。会社設立は同年6月でしたから、本格的な準備期間はわずか3ヵ月程。といっても、半年ほど前からビジネスの構想等は折に触れて練っていました。また、起業家セミナーもありましたが、どうも気が進まず、シニア層に特化した先輩の情報があれば、と思ったことです。

そこで、メールを送る際には、次の項目を必ず入れてください。

①名前、年齢、住所。電話・FAX番号、会社名候補（株式会社、個人事業）
②事務所候補（自宅あるいは他の場所か。借りる場合は家賃も）
③業種。できれば具体的に。これまでやってきた仕事のほぼ延長か、あるいは新規の事業か。なぜ、その職種なのか、その理由
④初年度の売上目標。同じく初年度の最終利益予想
⑤同じような起業を目指す仲間がいるかどうか
⑥いざ社長に就任したら、どのような方針で会社を運営していくか。また、

会社が順調にいけば、将来、事業を拡大する予定はあるかどうか

皆さんからのメール、お便りを楽しみにしています。また、この際に会社の「社史」をＡ４用紙10枚位にまとめてみましょう。自分の部署だけでなく、会社全体の歴史を把握するのはいざとなると難しいもの。この作業を通じて改めて得意分野が浮き彫りになることもあります。ぜひ、お薦めします。

5 シニア起業の3大原則：少資本、小規模、NOリスク

◆3原則さえ守れば大きな失敗は防げる

シニア起業には、次のような原則があるといわれます。「少資本、小規模、NOリスク」の３つです。なぜなら定年後という制限があるからです。開業前から損得をアレコレ細かく考え過ぎると、前には進めなくなります。シニア起業ということを忘れないで、３原則さえ守れば大きな失敗はないでしょう。

（1）少資本

資金計画は、企業にとって一番、大事な問題です。２００６年の新会社法で「１

円から会社設立ＯＫ」となりましたが、実際にはある程度の軍資金すなわち資本金が必要です。その判断基準は大まかにいうと３つあります。

まず税金。法人設立が認められると、国に払う法人税以外に、都道府県民税・市町村民税がかかります。この際に、資本金の額で税額も変わる。１０００万円以下なら、低く抑えられます（均等割額）。

次は消費税。会社設立後、２年間は消費税納税が免除されますが、その特例が使えない場合もあります。設立時の資本金が１０００万円以上の場合がこれに当てはまります。１０００万円未満なら消費税納税が免除される訳です。

この他、設立時の登記費用や備品、対外的な信用度、融資枠といった観点からみても、株式会社なら資本金３００万円位がいいかも知れません。ちなみに、法改正以前の有限会社の最低資本金は３００万円でした（１９９０年まで）。

そこで、現役中に２００万円位の軍資金は用意した方がいいでしょう。年金の範囲内で会社・事業を運営する〝年金起業〟方式もあります。私は資本金３００万円で始めました。

（2）小規模事業

会社設立と同時に立派な事務所を借りるケースもありますが、シニア起業という地味な形態なので、事務所は自宅で十分です。従業員もできるだけ少なくし、家族でもＯＫ。売上も事業によって変わってきます。私の場合は、自宅２階部分と、１階の一部を事務所にあてました。当分は、この状態で仕事をして行く予定です。事業内容からみて妥当な線では、と思っています。

（３）ＮＯリスク

事業には常にリスクも伴います。業種、相手先の状況、取引額など会社によってリスクの度合いは様々です。

◆うまい話を持ち込まれても冷静な対応を

私も現役時代、いくつもの会社を立ち上げました。新規設立では、その後の経営に全力をあげれば済みますが、場合によっては既存の会社、法人を吸収、合併あるいは引き継いで新たな会社を立ち上げることがあるかも知れません。その場合は、税理士、公認会計士の他、弁護士、司法書士に加え、金融機関等にも協力を依頼し、合併（吸収）相手の調査、研究を必ず行ってください。

どんなに親しい友人等からうまい話を持ち込まれても、冷静な対応が必要です。これを怠ると、相手側に多額な隠れ借金があるのも見逃してしまいます。

私も新社設立と並行して、こうした案件も大分扱いましたが、かなり危ないケースもあり、慎重には慎重を期した覚えがあります。

新たに起業する場合は、少資本が原則。取引相手、取引額が通常の範囲内であれば、よほどのことがない限り、危険や倒産などの恐れはまずないと思います。ただし、インターネットを専門に駆使してのネットビジネスの場合は、時に落し穴も待ち受けています。日頃からセキュリティーだけは万全にお願いします。シニア起業で次の3点「これだけはやるな（禁断の法則）」は重要です。

①退職金にはできるだけ手をつけるな

②借金は原則禁止（ただし、自己資金からの借り入れなら問題ない）

③最初から大きな会社にしよう、などとの夢はみるな

ただし、起業後、事業が順調に進めば、次のステップを検討することもあるでしょう。その場合でも、年齢・健康状態や他の役員、家族の環境等も判断しながら検討することをお薦めします。

◆小規模企業共済制度と経営セーフティ共済

それでも、いざの場合に備えた準備は必要です。最近は、経営者の退職金を生命保険で積み立てる法人保険も人気があります。独立行政法人企業基盤整備機構は、全国の中小企業の支援事業が主な仕事で、中小企業大学校も運営。東日本大震災時には、緊急対応として３４００区画の仮設施設、仮設商店街の整備事業も行いました。この機構は事業の一環としていわゆる退職共済や、倒産等の異常事態に備えた倒産防止共済も請け負っています。事業を始められたら、一度検討されてはいかがでしょうか。

（1）小規模企業共済制度

▼**対象**＝個人事業主、会社など法人役員、共同経営者。
▼**共済方式**＝掛け金は毎月１０００円から最高７万円まで。基本的な共済金と、付加共済金の合計が支給される。全額所得控除扱いとなる。
▼**共済金**＝個人事業主は、廃業、配偶者等への事業譲渡等。会社役員は法人の解散、本人の病気等による退任等。共同経営者もほぼこれらに近い扱い。
▼**特徴**＝65歳以上で、１８０ヵ月以上掛け金を払い込んだ場合には老齢給付が支給される。１８０ヵ月といえば15年の長期間、80歳になるので、現実にはかなりハードルは高そう。
▼**書類関係**＝所得税の確定申告書（個人事業主）、商業登記簿謄本（会社役員）などが必要。申請から約40日間かかる。
▼**加入窓口**＝同機構と委託契約を結んでいる全国金融機関、商工会議所、商

工会など。

（2）中小企業倒産防止共済（経営セーフティ共済）

▼**取引先が倒産等、異常事態になった場合に備える共済。全国32万社が加入。**

▼**掛金**＝月額5000円から、20万円まで5000円刻みで、自由選択。掛金総額が800万円になるまで積立てられる。税法上、法人は損金、個人は必要経費に算入できる。

▼**加入後、6ヵ月以上経過し、取引先が倒産等で債権等が回収困難になった場合は、最高8000万円までの共済金貸付が受けられる。**

▼**事業を始めてから、1年以上経てば加入できる。シニア起業の場合も、お薦め。加入は小規模共済と同じ窓口。**

6 個人事業か会社形態か、迷ったら家族に聞け

◆それぞれメリット、デメリットが盛り沢山

個人事業か会社形態のどちらがいいのか。それぞれ特長があり、このテーマだけに絞った解説本もある位です。おおむね、最初は税務署、関係自治体など

への届出だけで済む個人事業で始めて、軌道に乗った段階で会社組織に変える、いわゆる「法人成り」も多いようです。

しかし、シニア起業の場合は資本金や従業員も少なく（１人社長の場合も多い）、売上も特別値段が張る商品を扱わない限り、個人事業か会社かは、そんなに気にしない方がいいでしょう。私も最初は個人事業で始めました。

ところが、事業計画に盛り込んだ編集（文筆業）などに加えて、国内だけでなく外国とのネット取引も計画。事前にヤフー、楽天等の店舗申請方法を調べてみたところ、個人事業ではかなりハードルが高いことが判りました。米国などの外国も同様でした。そこで、急遽、株式会社に切り替えました。

シニア起業は、スタートも60歳前後からと高齢なので最初から会社組織も検討した方がいいと思います。ただし、会社設立は専門の先生方は簡単だと言いますが、いざとなれば相当のエネルギーを要します。私は初めから司法書士、税理士などに方向性を相談しました。迷ったら最後にはご家族にも聞いてください。ご家族の協力がなければ、シニア企業は上手くいかないからです。

◆会社組織のメリットと留意しなければならない点

会社の種類には、一般的な株式会社が圧倒的ですが、その他に「合名」「合資」

「合同」の3種あります。持分会社と呼ばれるもので、私が始めた弁護士費用保険の代理店にもこうした形態をとる仲間もいますし、一般社団法人での運営もあります。ここでは、一般的な会社に絞ってポイントを述べます。

特長の多くは税金関連なので、今後の経理処理のためにも、まず勘定科目、仕訳作業の仕組みを勉強してください。類本の中には節税を強調するものも多い訳ですが、税理士に聞かれた方がいいと思います。ただし、先生にマル投げはやめましょう。最初の1年位は指導を受けながら、自分で経理処理もする位の気概を持ってください。最近は、ネット上でも、公認会計士、税理士がQ&Aの形で回答しています。

(1) 必要経費が認められやすくなり、節税も可能になる

シニア起業の場合、大半が自宅を事務所にすると思うので、自宅を会社が借り上げる形にします。ポイントは対象面積がどの位になるかです。「自宅全部が仕事に使用」はまずあり得ないので、仕事に使う部分を計算します。「3分の1」の場合、付近の家賃相場が1ヵ月10万円なら、その「33%」、約3万3千円を家賃として個人に払う、といった具合です。

車、ガソリン代、水道光熱費、電話・インターネットなどの通信費　会社の

業務用支出が多くなります。出帳旅費　旅費、日当が経費で処理できます。タクシーなども同様。経費で処理する場合は、必ず司法書士にも相談し、取締役議事録に個人、会社の負担割合等を書面で明記しておいてください。そうしないと、最悪の場合、経費で認められないこともあるようです。この経費処理の判断に使うのが勘定科目の仕訳です。税理士にもよく聞いて、経費の流れ、領収書の保存なども、頭に入れておくといいでしょう。

この他、社長、家族にも給与支給で税金が安くなります。赤字を出しても9年間は利益と相殺できる（青色申告の場合）。消費税は原則として2年間免除。事業に失敗した際にも、個人財産は原則として守れる、などの良い点があります（個人事業では事業主個人が、負債に対して無限責任を負う）。

（2）気をつけなければならない点

個人事業の場合、事業が赤字で、課税所得がゼロのケースでは、所得税、住民税、事業税は払わなくても、許されます。ところが、会社の場合はそうはいきません。法人税、法人事業税はかかりませんが、法人住民税（均等割）は払わなければなりません。

この法人住民税というのは、都道府県と市区町村が、それぞれ事業者に課すものです。ですから、起業の際には、税務署だけでなく、こうした自治体窓口に行って届出を出す訳です。自治体によって、税額はまちまちです。インターネットなどで、あらかじめ調べてみましょう。

個人事業の接待交際費は、業務ならば、ほぼ必要経費に計上できる（例外はあるが）。会社の場合は制限があります。資本金1億円以下の中小企業は、800万円ないし、50％損金算入のいずれかが認められる。また、取引先との飲食でも5000円以下なら、経費処理ができます。この他、会社・法人組織にすると、事務が煩雑になり、重要事項は株主総会、取締役会で決定の上、議事録に残す必要もあります。

また、いくら節税になるといっても、社長個人の収入が増えるので払う税金（所得税）等も増えます。家族も、場合によれば、同様となります。やはり、全体をみながら、総合的に判断した方がいいと思います。既述したように年金併用についても、個人、法人によって違いが生じます。それぞれ関係機関にも問合せをしておいた方がいいでしょう。

◆秘密のアイデア帳の最大活用法

さあ、会社設立も目前に迫ってきました。もう少しです。頑張ってやりましょう。そこで、「秘密のアイデア帳」をご提案します。記者という仕事は取材メモが命。紙面に出た後、関係者から「俺はそんなことは、しゃべってなんかいない」と、記事内容を否定して来るケースもあったからです。際どい事件ともなると、なおさら。万一、裁判にでも発展した場合にも備えて、先輩から「取材メモは、命と思え」とよく言われたものです。

縦横10㎝～12、13㎝程の手のひらサイズ。会社の支給品。余った新聞紙等を特別に仕立て直したもので、大事件ともなると、すぐにメモは満杯。約20年の記者活動で、メモは段ボール箱10個以上にもなり、いまだに整理も大変です。これと並行して初めは大判の大学ノートも使いましたが、あちこち飛び回るのに、どうも不便なので、小型手帳も使い始めました。それがやがて秘密のアイデア手帳に。歴史は古いのです。

仕事中に思いついたアイデアを、すぐその場で書きとめます。起業でも、あれこれ考えるには、とても便利です。職場だけでなく、出張先や自宅でもＯＫ。どのような仕事がいいのか、やりたいのか。普段からこのアイデア帳に書き留めるのです。ポケットに入る小型ノートがいいでしょう。

私の場合、販売時代には、販売会社や観光会社の社長をはじめ、折込広告、ミニコミ紙、コンビニ配備の会社等を継承、再編成、または新設するなど、休む間もない程、仕事が山積していました。約15年近くも、こうした会社を同時進行的に運営していたので、アイデア帳は大いに助かりました。会社の規模も10人位から1200人の大型まで様々。その時々の会社・仕事に応じて書き足しておき、幹部会、社員会等の挨拶や研修会でも活用したものです。

メモ帳はできるだけ少ない方がいいので、細かい文字で書き入れます。これをパソコンに会社、業務ごとに移し替えて保存。追加、変更も楽々です。リタイア後に設立した私の会社の名称、業務内容も、正式に決まるまでには、業務の候補リストが大小合わせて50項目を超えました。会社では、いずれ「定款」も作成しなければならないので、アイデア帳が大いに役に立ちました。

7 事業計画案作成の心得とは

◆社名は得意分野を押し出す

新しく作る「社名」も検討しましょう。会社も設立していないのに会社名？と思われそうですが、実はこれが大事なポイント。なぜなら社名はこれから取り組む業種・仕事内容と密接に連動し、得意分野を外部に押し出してくれるからです。後述する会社の「定款」作りの土台にもなり、この作業をきちんとしておけば新たな事業を展開する際にも武器になります。シニアならではの豊富な経験をも生かすべきで、あれこれ思案できる楽しい時期でもあります。

事業計画内容と社名の相性ということも頭にいれておきましょう。それには、ＮＴＴの電話帳等の活用が一番です。タウンページなどの職業別電話帳は名称検索・検討には欠かせません。類似社名・業種の「社長列伝」や、同業他社のホームページも研究しましょう。

会社名は正式には商号と呼ばれるものです。ＮＴＴの電話帳は、個人（ハローページ）と職業別（ハローワーク、タウンページ）があります。それをよく見れば判りますが、株式会社の名前を作る際には決まりごとがあります。

①会社名の前後どちらかに「株式会社」の文字を入れる
②同一の住所に同一の会社名・商号がないこと
③不正目的で同一または類似商号をつけないこと

よく銀行窓口等では「まえかぶ、ですか。あとかぶ、ですか」と聞かれますが、①はこのことを指します。②は以前までは本社を置こうとしている市町村区内に、同一または類似の名称を申請しても、登記は受理されませんでした。

私も現役時代、新会社設立などの際には、これでかなり苦労しました。商標登録もしました。２００６年施行の新会社法に伴い、この規制が外れ、楽になりました。ただし、いくら規制が外れたといっても、ご近所に同じ名前の会社があれば、混乱は必至。相手の感情も害します。

◆社名で会社の命運がかかる

私は登記所（法務局）に出向き、検索画面であれこれ確認もしました。正直、迷いました。特に私の場合、これまでの現役時代の仕事の一部を受け継ぐような起業ではなく、「定款」の事業目的では約10種類の新たな事業を取りあげたので、最後まで決まりませんでした。定款の事業目的はいったん登記すると、追加するのは手間がかかります。なので、一気に10項目を登記した訳です。

先述したように、「弁護士費用保険」代理店業務が新たに舞い込んできたため、今度は社名がこれでいいのか迷うことになりました。結局、最初の社名で保険業務も行うことにしました。という訳で、私の経験では社名は相当、慎重にされた方がいいでしょう。自分の名前・名（苗）字を活用されるのもいいでしょう。事業内容・商号などをどのようにマッチさせるか。場合によっては、社名で会社の命運がかかる、そんな気持ちで慎重に検討してください。

◆事業計画はどう作成するか

会社名や大まかな業種、形態などと並行して、「事業計画」も作成しましょう。まずは得意分野から。現役時代にはできなかった夢のビジネスも研究してみましょう。この段階では売上目標もスンナリ決まらないでしょうが、会社設立の目標時期から逆算して全体の「進行表」作成が必須となります。この頃からシビアな判断、取り組みが要求されます。

１ヵ月、３ヵ月、半年単位にステップアップする方法が望ましいと思います。会社設立の参考本の中には「最短3日間で設立完了」と解説するケースもみられますが、シニアでの起業となるとそうはいかないでしょう。得意分野探しを含め、むしろ楽しみながらゴールを目指してはどうでしょうか。

まず定款を作成します。「ていかん」と呼びます。会社を設立する時は、この定款が絶対必要です。いわば、会社の〝憲法〟。組織や運営に関するすべてがここに詰まっています。主な項目は次の通りです。

〈定款に必ず記載しなければならない主な事項「絶対的記載事項」〉

①商号②目的（事業内容）③本店所在地④設立時に出資される財産の価額ま

たは最低額⑤発起人の氏名または名称及び住所⑥発行可能株式総数

〈定款に記載義務はないが、定款に記載することで、その法的効力を持つ事項「相対的記載事項」〉

①株式の譲渡制限等②取締役会、会計参与、監査役、監査役会、会計監査人、委員会、代表取締役等の設置③変態設立事項（現物出資等）

〈任意に記載する事項〉

①公告の方法②株主総会の開催時期など③事業年度

定款が完成したら、公証人役場に持参、「公証人」の「認証」を受けます。「定款の認証」といい、定款が法律的にも認証されたことになります。この認証定款と、株式払込金の払い込みがあったことを証明する書面などを「登記申請書」に添えて登記所（法務局）に出向き会社設立登記を済ませます。私は司法書士にすべて同行してもらい、手続きを完了しました。

この内、「払込証明書」は発起設立でしたので、預金通帳の写しが必要です。その際、「口座名義」は「○○会社設立発起人○○名義」にしておく必要があります。司法書士からあらかじめ銀行に連絡してもらい、上記「発起人名義」の口座を開設。この口座開設のために預け入れた金額は1万円でした。

定款認証後、同じ銀行の個人口座から、この発起人名義口座に「引受株式払込金」を振込、完了。この法人預金通帳の写しを元に司法書士が証明書を作成します。こうした手続きは、ほぼ１日の内に同時進行で行います。そのため各種印鑑、社判等は事前に揃える必要が出てきます。なお公証人の認証を受けた定款は「原始定款」として大切に保存してください（会社保存原本）。

8 起業までの行程表を頭にたたき込め

◆成功者はここが違う！標準進行表

いざ起業となると、あっという間に時間が過ぎます。自分なりのペースに合わせて「標準進行表」を作りましょう。すでに見てきたように、行うことがたくさん出てきます。おおむね、次のような手順が必要となります。

①**１ヵ月目～３ヵ月目：**社名、業種（業務）、事務所の場所、資金計画、役員構成など概要決定。これらを網羅した定款の作成／会社及び個人印鑑、社判等／事務用品、パソコン、ファックス、スケジュール書き込み用ホワイトボード等の整備／顧問司法書士、税理士等の選定、相談／パソコン、大

判ノート類。経理ソフト等の準備。

②3ヵ月目～：登記所登記、税務署、各自治体、警察署などへの申請、届出書提出。

③6ヵ月目～：営業開始。

◆印鑑、社判、名刺をつくる

この内、特に注意したいのは、「会社及び個人印鑑、社判」です。銀行で会社名義の口座を設けるのにも、定款認証・登記申請をする際にも、あらゆる場面で、これらがないとできません。代表取締役の「実印」（設立登記の時に届出が必要です）、「銀行印」「会社角印」、縦・横の「会社ゴム印」等です。

印鑑は注文してから早くて1週間はかかります。注文の際には、社名を決定しておかないと前に進めません。社判も同様です。私は、社名を自分で内定した直後に、インターネットで印鑑等を注文。約1週間で品物が届きました。社名の入った印鑑を見て「いよいよかな」と、こころ昂ぶる思いでした。

早速、自分の「社長名刺」も作成してみてはどうでしょうか。今は、名刺作成のソフトは何種類も出回っています。もちろん、外部にはまだ使えませんが、社名と自分の名前とのバランス等も点検してください。

事前準備の重要さがおわかりいただけたと思います。行程表はあくまで平均的なスケジュール。最初の１ヵ月～３ヵ月をもっと長めにとる場合もあり、好きなように作成してみてください。また家族・友人等との出資の相談、国・自治体などの創業支援金、助成金・補助金等の点検も同時に確認しましょう。

9 資格・許認可の怖さを知っておけ

◆初めから司法書士、税理士等にも相談しよう

会社設立から経営まで、弁護士、税理士、司法書士、社会保険労務士といった専門家・顧問はある程度必要です。ただし、最初から「先生」に頼り切らない方がいいと思います。自分でも実際にやってみて、アドバイスをもらいましょう。その方が、理解が早まります。

会社（個人事業）設立は、最初から司法書士、行政書士などの専門家に相談した方がいいです。ネット上で、「会社設立手助け」「創業後の経理、経営指導」などを募集する事務所も増えてきました。それぞれ特長がありますが、できるだけ地元の先生方にお願いした方が地域事情にも詳しいのでいいでしょう。

ネットではＱ＆Ａ方式の各種質問・回答コーナーもあります。国税庁等の最

新情報も掲載されるので参考にするといいでしょう。こうした士業も、大手事務所間や個人事務所間でも、競争が激化しているといわれています。

◆突然の事業停止！にも気をつけよ

事業を行うには許可・認可が必要な場合があります。シニアの皆さんは、一般的な許認可の種類や内容は大筋ご承知のことと思います。次に主な事業が該当する法律等をあげておきますのでご確認ください。ネット等で輸出入を目指す方は、外国との関係で制約も多いので、事業に乗り出す前に関係機関に照会してください。突然、事業停止という事態にならないように気をつけましょう。

〈主な事業の「許認可」法律一覧〉（詳細は関係機関で確認を）

①旅行業（旅行業法）

②施術所の開設（あん摩マッサージ指圧師、はり師、きゅう師等に関する法律、柔道整復師法）

③医薬品・医薬部外品・化粧品・医療機器の製造、製造販売（薬事法）

④宿泊施設・ホテル・旅館など（旅館業法）

⑤食品製造・加工（食品衛生法）

⑥飲食店（食品衛生法）

⑦一般労働者派遣事業（労働者派遣事業の適正な運営の確保及び派遣労働者の就業条件の整備等に関する法律）
⑧職業紹介事業（職業安定法）
⑨古物商（古物営業法）
⑩酒類免許（酒税法）

〈インターネットビジネス関連（主な輸出入規制等）〉

いずれも外国によって扱いが違うので、次の機関等への事前確認が必要です。
「ジェトロ」（独立行政法人日本貿易振興機構）http://www.jetro.go.jp/indexj.html
「ミプロ」（在団法人対日貿易投資交流促進協会）http://www.mipro.or.jp/
主な関連は次の通りです。

《輸入》

①輸入制限品（外為法により、輸入制限がある品。輸入該当承認確認必要）
②輸入禁止品（麻薬、ピストル、コピー商品、わいせつ品など、公安・風俗等を害する、とされる品物）
③輸入規制品（日本の国内法で輸入規制がある品物。薬事法、食品衛生法、酒税法、植物防疫法など。時々、法改正もあるので、留意）。この他、J

ＩＳ（工業標準化法）に準拠しているか等、税関の判断も出てきます。これらも事前確認が必要です。

「税関」　http://www.customs.go.jp/mizugiwa/kinshi.htm

《輸出》　これも各種あります。日本からの輸出では、禁制品・規制品が、また、相手の外国に荷物が到着してから、今度はその国の輸入品になるので、それぞれの輸入禁止、輸入規制品があります。特に問題になりがちな品目としては、次のようなものがあります。

▼**軍用技術転用防止**：ＧＰＳや高性能赤外線カメラ等も輸出できないケースもある。

▼**食品関連**：厚生労働省医薬食品局の許可が必要。食品の種類、相手国の規制状況など、かなり差があるようです。事前に外務省や相手国の食品医薬局等で確認した方がいいでしょう。

▼**酒、タバコ、医薬品、刃物、幼児用の製品等**：要注意。相手国では輸入規制がかかっている場合もあります。

各地の商工会議所、商工会などでも、大筋の許認可の状況がわかります。会員名簿、業種、会社一覧があるので窓口で尋ねてみてはどうでしょうか。

10 手抜き工事は禁物！会社設立申請まで

◆会社設立の大きな流れ

これまで準備を重ねてきました。いよいよ、会社設立申請の段階になりますが、大きな流れを整理しておきましょう。
①会社の目的・社名（商号）・本店の場所を決定する
②印鑑作成（登記用代表取締役印、代表者実印、会社角印、役員個人印、社名入り銀行印）。社名・代表者名入り縦・横ゴム印も作成しておく
③発起人会開催
④定款作成、決定
⑤印鑑証明取得（発起人全員）
⑥公証人役場で定款の認証を受ける。3部。発起人全員の印鑑証明書（法人が発起人の場合、その法人の登記事項証明書）。同席できない場合の委任状
⑦出資金の払い込み
⑧発起人決議　設立総会　取締役会で代表取締役など役員決定
⑨登記所で会社設立の登記申請

以上で晴れて会社は正式に社会に認知されることになります。若干補足すると、会社設立方法は発起人が発行株式のすべてを引き受ける「発起設立」が大半ですが、発起人以外にも株式を引き受けてもらう「募集設立」があります。シニア起業の場合は、小規模が基本なので、発起設立が多いでしょう。

定款作成には万全の注意を払ってください。登記所は一字一句厳密に審査します。シニア起業の大半は株式譲渡制限規定のある非公開の株式会社でしょう。なお各種印鑑、ゴム印はネット通販も盛ん。事前勉強の成果を試す意味で通販で依頼してはどうでしょうか。１週間前後で届けてくれる業者もいます。

◆設立にかかる諸費用

・登記費用総額24万２６００円

・登録免許税（設立時だけでなく、変更時にも費用が必要です）

☆設立　最低15万円

☆商号（社名）・事業目的変更3万円

☆本店所在地変更3万円（法務局管轄変更時に、さらに3万円）

☆資本金変更最低3万円

☆役員変更1万円

・定款認証手数料（公証人役場・５万２０００円）。他に定款貼付印紙４万円
・「登記履歴事項全部証明書」（登記完了後の証明書１通６００円）

11 各種関係機関への届出。意外に親切なお役所窓口

◆細かいことでも遠慮なく聞こう

会社登記が完了すれば、いよいよ関係機関への届出となります。一度にやることが押し寄せてくるので、効率よく回ることが肝心。その際に、登記所で登記されたばかりの会社設立情報が「登記履歴事項全部証明書」の形で受け取ることができます。これを、登記直後に数枚入手しておくといいでしょう。というのも、銀行など金融機関で法人名義の通帳を作成する際、この証明書の提出を求められるケースが多いからです。

〈税務署（所得税・消費税など）〉

法人設立届出書／青色申告の承認申請書／減価償却資産の償却方法／棚卸資産評価／給与支払い事務所等の開設／源泉所得税の納期特例承認など。添

付書類は定款コピー／登記事項証明書／出資者名簿／設立趣意書／現物出資者名書類／設立時の貸借対照表など。

こんなにたくさんの届出書があります。この内、ポイントは青色申告。事業年度で出た赤字を翌期以降9年間にわたり繰越ができます。黒字の場合、以前の赤字と通算して納税額を減少できます（多くは顧問税理士の署名を要する）。専門的な分野も多いので、税務署や税理士の指導も必要となるでしょう。

〈都道府県・市町村（法人事業税、法人住民税）〉

法人設立（設置）申告書などを別々に提出。東京都23区は都税事務所だけで済みます。ここでも会社定款コピー・登記事項説明書が必要となります。気をつけないといけないのは、地域によって届出書類の形式が違うこと。届出期限も違います。事前によく調べて申請することが不可欠。

なぜ、こんなにバラバラなのでしょうか。

私も販売会社の社長時代、毎年、経理担当からの税金書類に押印しましたが、営業所（事業所）が約10市町村に跨っており、市町村によってこんなにも形式が違うのかと首をかしげたこともしばしば。事情はあるかも知れませんが、統一形式にできないものでしょうか。

◆日本年金機構や警察署への届け出

〈日本年金機構への届け出〉

株式会社が加入・関係する社会保険には、健康保険・厚生年金保険・雇用保険・労災保険があります。会社設立後、所定の期限までに届け出ます。シニア起業では社長・役員だけというケースも多いでしょうから、健康保険・厚生年金のみの手続きで済みそうです。法人設立から原則として5日以内に管轄の日本年金機構に届け出ます。また、取締役・監査役のみの株式会社は使用人兼務役員でない限り、雇用・労災保険は適用外。

〈警察署への古物商許可〉

ネットショップ等で物品を売買する場合、中古品を扱うケースも少なくありません。最近はリサイクル店も多く、それらを事業として行う場合は、古物営業法に基づき届出と許可が必要。都道府県の公安委員会に届け出る訳ですが、実際には所轄警察署で古物商許可証を取得。

刑法39章「盗品等に関する罪」で、盗品を無償で譲りうけた場合は「3年以下の懲役」、盗品を運搬、保管または有償で譲り受けたり、処分のあっせんをした場合は「10年以下の懲役及び50万円以下の罰金」に処せられます（刑法第

２５６条）。平成3年の法改正以前は贓物罪《ぞうぶつ》といい、難しい文言でした。記者駆け出しの頃、警察担当で、何回となく「贓物故買の疑いで○×を逮捕した」といった記事を書いた記憶があります。

故買とは、盗品と知りながら売買したという意味。表面的にはあまり大きな事件とみられませんが、国際的窃盗団が暗躍するなど根が深い場合もあります。いずれにしても、物品販売業では必ず許可を受けておいた方がいいでしょう。また、税務帳簿とは別に仕入台帳もきちんと整備する必要があります。

〈ハローワーク活用〉

事業の進展に伴い、雇用問題も大きな課題となってきます。雇用保険・労災保険の申請、届出はもちろんですが、ハローワークは従業員採用や情報集めには欠かせない存在。時々事務所を訪れることで、就職最前線の空気が読めるようになります。

以上で、手続きの概要は終わりました。

第3章

私の奮戦記と実践ノウハウを一挙公開

ここまでできる! 挑戦の裏ワザ成功法則8カ条

1

日本初の単独型「弁護士費用保険」販売代理店に挑戦

◆何と高得点で一発合格

2013年8月のこと。東京から一本の電話が入りました。「先輩！お久しぶりです。実はご相談があります」。相手はT君。私よりひとつ年下。郷里、長野県諏訪で小・中学から高校、大学まで、同じ道を辿ってきた幼馴染み。長野市内のホテルには、市内に住むもう1人の友人男性も同席していました。これが「弁護士費用保険Mikata」という、聞き慣れない保険との出会いでした。

同年5月、日本では初めて登場した保険。全国に普及するため、「代理店になってほしい」という〝要請〟でした。当時、私は足掛け46年余勤めた信濃毎日新聞社及び新聞販売関連会社をリタイア。6月にメディア関連の株式会社を立ち上げたばかり。会社もまだ軌道に乗らず、「そんな大変なことはできないよ」。即座に断わりました。しかし、T君は引き下がりません。

「70歳にもなって受験とは」「落ちたらどうしよう」。大分悩みましたが、とうとう断り切れず挑戦する羽目になりました。暑い真夏の最中。ほぼ1週間、睡魔と闘いながら、分厚い教本片手に猛勉強。その甲斐あったのか、何と高得点で一発合格。その晩のビールがうまかったこと。この保険を通じて現役時代とは違う、いろいろなことも勉強したのです。これが一番の収穫。起業当時は考えてもみなかった仕事ですが、皆さんが起業の準備に入られる際に何かご参考になると思いますので、この保険のお話をしばらくさせていただきます。

◆営業の難しさを改めて実感する

似たような名前の弁護士保険は、他にもあります。例えば、自動車、損害保険の特約として弁護士費用特約が付いている、等です。これに対し、今回新たに発売された「弁護士費用保険Ｍｉｋａｔａ」は、トラブル発生時に、解決を依頼した弁護士等への報酬や実費などの費用を補償するもの。交通事故はじめ、相続、いじめ、離婚、隣家との境界争いなど、最近多発する揉め事など、かなり幅広い分野が対象となります。

日本でまったく新しいタイプの保険です。「プリベント少額短期保険㈱」が、「弁護士費用保険Ｍｉｋａｔａ」の名称で売り出しました。保険期間は原則1年間、原則自動更新です。テレビでもお馴染みの現参議院議員で弁護士の丸山和也氏も推薦しています。形態は若干違いますが、同様の保険は韓国でも始まり、英、独、仏などでは全世帯の半数が加入、今や世界でも広がりを見せるユニークな保険です。

毎月の保険料支払いで弁護士費用等の一部または全部を補償してもらえる保険。3・11東日本大震災では多くの死者はもとより建物も流され、被害者の法的救済も大きな課題となりました。詳細については、プリベント少額短期保険㈱ http://preventsi.co.jp か、巻末の弊社ホームページをご参照ください。

試験に合格したとはいえ、待っていたのは当然のことながら厳しい研修。東京と仙台にも勉強に出掛けました。このシニア本の執筆中にも、長野で研修会が開かれ、改めて復習もしたほどです。

しかし、保険の内容は理解できても、「売り込み」となると話は別。知り合いに案内状や挨拶状の形で半ば〝加入の催促〟をしてみましたが、保険自体が知られていないこともあって「成績不良」。やむなく、身内等に加入してもらったことで肩の力が抜け、ようやく軌道に乗り始めた訳です。営業、販売は難しいもので、せっかくいい製品を作っても売れなければ何にもなりません。

◆趣味のことだけ話題にして営業トップクラスに

私も現役時代、新聞販売の責任者のひとりとしてかなり苦労もしました。長野県は北から南まで広く、販売店を回るのにも泊まりがけ。本社直系の販売会社も任され、最前線での社員指導も毎日が勝負でした。ある営業所でこんなことがありました。一部上場企業の工場で働いていたA君は、リストラで生産ラインを外され閑職に回され、悶々とした末に意を決して新聞販売会社に飛び込んだのです。しかし、技術系なので新聞拡張という「営業」は初めて。玄関のインタフォンを押して返事があればいい方で、まったく上手くいかない。

「そろそろ、辞めよう」。そんな時に営業所の会議で私の目にとまったのです。「ウーン。A君ネェ。何か得意なものある？」。しばらくして、答えは「山」「スキー」でした。「それだよ！」。お客には新聞販売のことは一切話さず、趣味のことだけ話題にするよう指示。併せて信毎本社の山岳、スキー関係の出版物も折に触れて話題にしてもらいました。

約１カ月後。A君の顔つきがガラッと変わっていました。職場の中で半ば「いじめ」にもあっていたことを、私も薄々知っていたからです。これを境にA君は本の販売だけでなく、肝心の新聞の獲得部数も営業所内ではトップクラスに。その後の営業会議で感想を聞いたところ「初めて１冊の本が売れた時は、ブルブルと震えが止まりませんでした。その時の快感が忘れられなくなって…」。淡々と話す A 君に、笑顔が戻っていました。

◆いじめ問題や損害賠償なども影響して加入増へ

最近は職場、学校を問わず、いじめ問題が表面化し、学校では子供がいじめに遭っても、先生の取り組みにも濃淡があるといいます。また、警察などに相談してもストーカー事件同様に、スンナリ解決とはいかないようです。先生方は「父兄から文句をつけられ、ほとほと弱っている」との声も聞かれます。

私が参加していたある都内のセミナーの仲間も家族が先生で、同様の悩みを抱えていたといいます。先生、父兄とも、解決の糸口がなかなか見出せず、双方ともにこの「弁護士費用保険Mikata」に加入するケースがあるとのことです。背景には複雑な心の問題も絡んできますので、この保険だけで「即解決」とはいかないでしょう。が、多様化する現代社会の一面をみる感じです。

もうひとつ、鉄道に絡まる事件の例。徘徊高齢者がJRの線路に迷い込み、列車にひかれて亡くなりました。こうした列車事故の場合、鉄道各社は振替輸送にかかった損害額などを家族に請求。大半は和解で話がつくといわれますが、今回は訴訟に発展しました。1審では介護に携わった高齢の妻と長男に、JRの請求に沿って720万円の支払いを命じました。しかし、高裁の裁判では、

91歳になる妻のみに「約３６０万円を支払え」との判決。高齢者を抱える家族が徘徊老人に悩まされているケースも多々あるだけに、この判決はかなり関心を呼んだようです。私の所にも「弁護士費用保険Ｍｉｋａｔａは使えるか」との問い合わせがありました。もちろん原則的には対象となります。

◆弁護士も関心、トラブルを抑止する予防効果も備える

知り合いの弁護士もかなりの関心を寄せています。日本弁護士連合会の調査では、２０１３年３月末現在の登録弁護士は全国で３万３６００人余。２００３年に比べ約1万４０００人余増加。背景には法科大学院の設置などがあり、医師同様に都会に集中する傾向があります。

しかし、大人数を抱える事務所から内情を聞くと、弁護士活動だけでは生活がままならないケースもあるといいます。司法試験に合格するまでに多額の借金を抱えている人もいるようです。また、法科大学院に入学したものの司法試験に受からず、大学院時代に借りた多額の借金に追われる人もいたりします。

弁護士の知り合いは、私も高校の同級生、同期だけで３人、大学では同期の友人、同級生だけでも全国に10数人いて、折に触れて何かと相談にも乗ってもらっています。それだけに頑張ってもらいたいという思いがあります。

今回の保険代理店開設で、久しぶりに一線の記者時代を思い出しました。朝から晩まで事件、事故を追って飛び回わり、裁判所では裁判があるたびに弁護士ともいろんな取材でお会いしました。今でも年賀状をやり取りする先生もいます。当時とは大分、状況は違いますが、高齢者から幼児までこの保険を通じて改めて社会の断面を見直すことになり、記者・弁護士の不思議な縁を感じる昨今です。この保険はトラブルを事前に抑止する予防効果を期待できることも重要なポイント。研修会では、そうした成功事例も報告されています。

◆ミニ保険ブームも追い風になる

こうした少額短期保険業制度は、別名「ミニ保険」とも呼ばれ、２００６年の保険業法改正に伴い設けられました。それまで、とかく法的根拠がない等との指摘も出ていた無認可共済に対し、財務局等への届出を義務化しました。13年末で約75社あります。法改正以来、新しいミニ保険が相次いで登場。大手保険業界もミニ保険にも乗り出した会社があるほど。12年10月には、ＮＨＫが「生活情報ブログ」で放映しました。いろいろな保険があり、詳細はインターネット等で調べてみてはどうでしょうか。以下、概略をあげてみます。

「お天気保険」

旅先等で天気が雨の場合は、旅行代金などが戻って来る。旅行会社、ホテル等が加入。雨の日数時間数に応じて保険会社を経てお客に還元される仕組み。

「チケットガード保険」

各種公演やイベントのチケットを購入する際、保険料として代金の7～10％前後を支払うと、万一行けなかった場合に返金される。ただし、急な病気、交通機関の乱れなど、公的な証明が必要。

「葬儀保険」

毎月の保険料を払えば、1年間、突然の不幸の際には、葬儀費用等が補償される。夫婦がお互い加入するケースも増えている。葬祭会社の中には独自の会員積立方式を設け、事前加入に力を入れている業者も多いようです。

この他、犬や猫専用の「ペット保険」、糖尿病があっても加入できる「保険」、家財・賠償、生保・医療各分野でも人気が増えています。

さて、弁護士費用保険の話に戻ります。社会貢献の分野でもあると思い、私も力を入れ始めました。懇意にしている病院、料理店経営者等にも加入いただきました。歯科医に嫁いだ次女の宮原靖子に話すと受験したいというので手配。元々銀行に勤めていただけに一発合格。医院業務の合間を縫っては、知人などにも薦めているようです。旦那さんの理解もあって、最近はこの話題が家族の大切な輪になってもいます。

2 現役時代には到底できない学習に励む

◆シニア起業塾企画も同時進行

東京などの保険代理店研修会では、若手に混じって私と同じようなシニア層の顔もよく見かけます。研修後の懇親会では、全国の代理店仲間との交流も楽しみのひとつ。大手生命保険など既存の保険販売店の方もいますが、人生経験を交えたシニアの勧誘は意外に功を奏するかも知れません。

2014年正月、私の起業と弁護士費用保険が思わぬ反響を呼んだことについては、本書の冒頭でも紹介したとおりです。年賀状で信毎グループのリタイアの他に新たな会社設立、さらに少額短期保険業代理店開業についても挨拶。

その後、知人などに呼びかけ勉強会を開きました。登録間もない時期のため、いざとなると細かな事項は返答できず、冷や汗をかいたこともあります。

参加者は商工会議所の会合などで親しい知人が多く、逆にどんな項目に関心があるのか、こちら側が勉強させてもらう場面も。本社研修でも勉強会が役に立ちました。その後、残念ながらT君は病気で急逝。一緒に保険代理店を薦めに来た中澤太郎さん（42歳）は、横浜の保険代理店社長・稲見宣章さん（48歳）等と共に頑張っています。

また、長野市内の若手有志と1ヵ月に1回程、別の勉強会も開いています。70歳の私は別として、30代から50代前後の若い世代。会社社長や、実質的な会社責任者、大手企業の支店長クラスなど、いわば経営の最前線で活躍する“やり手”揃い。業種もそれぞれ違うので、「異業種交流会」の様相も。

最近は、少子高齢化や年金を含めたシニア対策、起業も話題になります。アジアなどの外国で勤務した経験や、仕事で頻繁に外国に出掛ける会員もいて、外国の起業実態についても詳しいのです。今回の出版でも、こうした話題も参考にさせてもらいました。シニア起業塾開設目指し、具体的な企画案も急ピッチで進んでいます。ほぼ、出版と同時進行です。

◆事前勉強はパソコン習得から始めよう

起業実務などと並行して、やっておかなくてはならないのが、ＩＴの勉強。特にパソコンは、これから何の事業をやるにも絶対に欠かせません。私の場合、新聞記者をやっていたので、同年代の人よりは比較的早くパソコンに触れた訳ですが、最近の若い人達のようなＷｅｂ処理は苦手でした。

後ほど実践訓練コーナーでも触れますが、会社設立準備と並行してパソコン教室などに入校、70歳の手習いも実践。60歳以上で、パソコンが苦手という方は必ず、事前勉強を最優先してほしいと思います。

パソコンに向かって両手で文章を書く、書いた文章を確実に保存する、メールアドレスを作る、それを利用して書いた文章を友人に送る、返事を受け取る…。Ｗｏｒｄ、Ｅｘｃｅｌで簡単な表作成や、表計算もやってみましょう。初歩的なパソコン参考書も書店に多数並んでいるので、気に入ったものを１、２冊大まかに読んだあと、パソコン教室で学んだ方が効率的だと思います。

◆ネットサーフィンのすすめ

ネットサーフィンは大事な訓練です。パソコンの扱いに慣れてきたら、次はインターネットの検索作業に慣れる訓練をしましょう。一番の理由は、「情報は命」ということを会社設立前から改めて認識しておいてほしいからです。あちこちから寄せられるメールマガジンなどを次々に読み込むネットサーフィンもうまく活用すれば、有力な情報源になります。私も会社設立からほぼ1年間は、できるだけこうしたネットによる情報収集に充てるように心がけました。

メルマガなどから、各種セミナー、イベント情報を掴み、可能な限り参加。その結果、全国各地の友人が増え、大いに参考になりました。特に私と同じようなシニア層のほか、自分の娘と同じ位のセミナー講師陣や主婦、ヤル気マンマンの若者までいて、大いに刺激を受けたのです。ぜひ、こうした情報収集もお薦めしたいと思います。

◆セミナーや勉強会に積極的に参加しよう

各種セミナー、勉強会などを通じ、時代の流れを掴みましょう。ネット情報をいかに早くキャッチできるかも課題。また、地元商工会議所、商工会やロータリークラブ、ライオンズクラブ等にも加入すれば仲間も増えてきます。

最近は、東京駅や品川駅近辺を中心に、ビジネス塾花盛りの状態です。新幹線、高速バスの発着、という利便性に加えて、空きビル・空き室の再利用で、従来だと手が届かない高額の物件も利用できるようになったからです。

付近には格安のビジネスホテルも点在。地方からでも「日帰りビジネス塾学習」が可能になりました。学習後の懇親会も盛んで異業種交流もできます。料金は1回3000円以内のケースが多く、主催者にとっても集客作戦の強力なツールに。

私もできる限りこうした塾に顔を出し、これまでとはまったく違う分野を学ぶことができました。現役時代には、到底できない学習でした。

3 ひとり社長の経理学・販売学・健康学

◆経理処理は避けて通れない

シニア起業で避けて通れないのが「経理処理」。私も経理ソフトを購入。最初は他事に追われ、なかなか上手くいきませんでしたが、顧問税理士の指導もあって、ようやく軌道に乗り始めています。出張時を除き、毎日、現金出納帳などを入力。簡単な「業務日報」も書いています。

経理の参考書は多くあります。

『困ったときにすぐ引ける　勘定科目と仕訳の事典』（公認会計士、税理士・西宇好明氏監修・ナツメ社刊）の他に『法人税申告の書き方がわかる本』（税理士・小谷羊太氏著・日本実業出版社刊）等もあります。

『ひとり社長の経理の基本』（税理士・井ノ上陽一氏著・ダイヤモンド社刊）も、大いに参考なります。今回、「ひとり社長」の項目であれこれ書き始めたところ、井ノ上さんの著作の存在を知り、急遽、取り上げました。

経理部門は、経験がないと一番手こずる分野です。在職した会社の経理ＯＢなどにも時々、指導を受ければ強い味方となります。

◆「売れてなんぼ」を肝に命じよう

起業当初から、販売の方法を徹底的に考えましょう。どのような事業を行うにせよ、物（製品）が売れなければ何にもなりません。物は情報という場合もあります。特に製造現場が長く、営業経験の少ない人は要注意。経理同様、かつての同僚や仲間に販売のコツを教えてもらうのもひとつの方法です。

最近は販売のための集客法セミナーなど、販売に重点を置いた指導教室も増えてきました。会社運営のコーチング、集中講義も盛ん。業種、指導者の個性によってそれぞれ特徴が違いますが、試してみる価値はあります。「動画活用による販売強化策」なども、以前には考えられなかった手法です。

新聞の販売現場での研修はいかがでしょうか。早朝配達から集金、営業（拡張）まで、新聞店は大変な仕事です。地域の販売店主に頼み込んでみましょう。特に「拡張」は、経験をお薦めします。同時に印刷を含めた新聞社本体の見学もやらせてもらえば、シニア層の起業にも幅が広まるかも知れません。

◆自分に自己報告書を提出しよう

起業すれば、同業者を含めて、いわゆるお付き合いも増えてきます。同じ業界の会合は新参組にとっては、欠かせない存在。懇親会も楽しみな情報収集の場にもなります。しかし、ひとり社長の場合、"落とし穴"も。健康対策です。

1人で「おカネの決済」ができるので、油断は禁物。酒で会社を潰した経営者を何人も知っています。体を壊した"やり手"社長も少なくありません。信毎の元副社長・中沢孝人さん（81歳）は、健康学の"達人"。ゴルフを健康のバロメーターに、いまだに90を切る腕前。最近は、こうした元気印の高齢者も増えています。1年に1回の人間ドックは必ず受けましょう。

半年に1回、社長の自分に「自己報告書提出」を出す習慣をつけましょう。

1人仕事の落とし穴に要注意です。小規模会社なので、とかくお山の大将になりがち。そこで、会社が思った通りの方向に進んでいるかどうか、常に点検し、定期的に社長（自分）宛てに自己報告書を提出するのです。

年数を経れば貴重な会社財産になります。起業時にたてた事業計画書の進捗状態を見るためで、今後の作戦も立てやすくなります。会社設立後のけじめとして、半年以内には必ず「挨拶葉書」を出しましょう。肩にあまり力を入れずに、年賀状、暑中見舞い位がちょうどいいでしょう。

◆ビジネス書の読み込みでマインドを鍛える

書店に行くと、一番目立つ場所に置いてあるのがビジネス関係の本です。株式売買、ＦＸからネット通販、金融、ビジネスの心構えまで、何でも揃っています。そこで、気に入った分野のビジネス本を10冊位は読んでほしい。特に「会社経営の基本」「経営の心構え」などは加えてみてはどうでしょうか。後々、窮地に陥った時に読み直せば、新たな発見も出てきます。

私も編集から労務、そして販売部門に異動した際には、総務、経理、年金・厚生、採用、健康対策、組合交渉など担当分野に加えて、ビジネス関係本も幅広く購入。賃金体系を含めた分厚いノートと共に今では「お宝」になっています。ただし、法改正もあるので、留意しましょう。

ビジネス書の著者では、2014年ワールドカップブラジル大会に合わせ『トップ1%のサッカー選手に学ぶ成功哲学』(すばる舎刊)を出版した水野俊哉さん(41歳)も代表的な1人。大学を出て、金融機関を退職後にベンチャー起業、上場一歩手前で急激に業績悪化、取締役を解任されました。

個人保証していたため3億円の負債を抱え、絶望の淵に立たされながら世界中の成功本やビジネス書を読破。経営コンサルタントとして再起した異色の経歴を持ちます。

あらゆるジャンルの成功法則を分析した書籍も出版。『成功本50冊「勝ち抜け」案内』(光文社ペーパーバックス刊)は10万部突破のベストセラーになった他、『「成功」のトリセツ』(角川学芸出版刊)など著書多数。出版セミナーも主宰。参加者からの出版も多く、私もセミナーでお世話になりました。

◆起業理念も大事。「目標」は机に貼っておけ

20~30代の起業とは違い、酸いも甘いも味わってきたシニア層の起業ですが、ある程度しっかりした理念も必要です。その理念を現実のものにする方法のひとつに、こんなやり方もあります。集客・売上アップコーチで、アクトドリームサポート合同会社社長の中村博さん(45歳)は「こうしたい、なりたい」という目標を紙に書いて「机に貼っておけ」「毎日大きな声で唱えよう。そうすれば夢は実現します」と、ビジネスセミナーで盛んに強調していました。

中村さんは、建築、自動車業界で営業を経験した後、家電量販店に転職。そこでは約10年の間に、新規店舗のマーケティング、マネジメントを任されました。その仕事をきっかけに、本格的にコーチングや心理学、マネジメント等を学び、11年「コーチ兼カウンセラー」として独立。開業早々、年収１０００万円を達成。２０１４年には『誰でも年収１０００万円　稼げるコーチ・カウンセラーになる方法』（日本実業出版社刊）を出版しました。

これまでにカウンセリングしたのは約３０００人。出身地の帯広を拠点に大阪、名古屋等でも飛び回る中村さん。「起業した時の夢は本を出版し、多くの人に自分の思いを伝えること。毎日、大きな声で夢を唱えた結果、夢が実現しました」。次なる夢は「北海道から日本を変える！」こと。元気で大きな声が返ってきました。

なぜ今、起業なのか。家族の協力も必要です。単なるカネ儲けだけでなく、社会貢献も視野に入れた目標作りも心がけましょう。

4　IT作戦開始！フェイスブックも制圧

◆スマホは今や第2のパソコン！

ちょっと思い起こしていただきたいのですが、あなたは携帯電話をいつ頃から持ちましたか。私の場合、阪神・淡路大震災まで戻ります。1995年1月17日早朝の震災当日は、前年暮れに亡くなった新聞販売店関係者の葬儀。弔辞を読んでいたところに、編集局長から「号外を発行したい」。号外発行は急な配布が必要なので、すべての販売店を管轄する販売局長にも事前通知をする決まりになっていたからです。

当日、何回もその通知を受け取ったのが、かなり重い大型可搬式携帯電話でした。今日の携帯電話はまったく想像できないこと。この少し前の93年から94年にかけて、信毎社長に就任されたばかりの小坂健介氏（81歳。現取締役相談役・元日本新聞協会副会長）に同行して、県内外にある約200店の信毎取り扱いの新聞販売店を「訪問・激励」。この際の連絡は、車載電話。その後、社長職はご子息の小坂壮太郎氏（53歳）にバトンタッチされましたが、携帯電話ひとつとっても時代の流れを感じます。

さて、こうした年代物の携帯電話の前にはポケットベルもありましたが、やがてＰＨＳにとって代わられ、次いで現在の携帯電話に。いわゆる「ガラケイ」、「スマホ」が登場。11年の３・11東日本大震災では新兵器のスマホと、それを使ったツイッター等が大活躍しました。パソコンからモバイル、ネット文化にも詳しい本田雅一さんが震災直後に『これからスマートフォンが起こすこと』を出版され、大きな刺激を受けました（11年、東洋経済新報社刊）。

本田さんは「携帯電話がなくなる！」「パソコンは消える！」という半ばショッキングな表現で激変する現代を切って、実際には消えないことは承知の上で様々な変化を予測。フェイスブックについても大伸張を見通していました。

◆70歳の手習い「アカウント」の取得から

ＩＴ作戦の案内役としてまず１、２冊の参考書を購入しましょう。私は『Ｆａｃｅｂｏｏｋ１００％超活用ガイド』（技術評論社刊）により初歩から学ぶことにしました。並行してパソコン学校に入校。パソコン教室は大人数の一斉授業方式が多いですが、個人制の１時間授業を受けました（延べ40時間）。

シニアの場合は判らない部分が多く、教室でも恥ずかしくて手を挙げにくいことから個人授業がお薦め。時間を調整し、1時間千円位で個人指導をしてくれる学校もあります。私の場合、たまたま理事長・校長が商工会議所でも知り合いの間柄。単独授業がＯＫとなり、1回1時間位のペースで通いました。

インターネットを介して文字、画像、映像等自分と「世界」を繋ぐSNS（ソーシャルメディア）。その中でも実名登録が原則のフェイスブックは、誹謗中傷などによるマナーの悪さも比較的少ないといわれ、それだけ信頼性も高いようです。その根幹となるのが、自身のメールアドレスと実名、プロフィール情報、写真などの登録による「アカウント取得」です。

◆4000人もの「友達申請」にビックリ

登録の後は「友達」の申請。友達申請⇒承認という繰り返しで次第に輪が広がってゆくのです。私の場合、登録後、約4000人もの「友達の友達」候補が画面に登場、ビックリしました。さすがにまだ「全員に友達申請」という訳にはいきませんが、個人的な出来事、思い、季節などに加えて仕事に関する活動報告もＯＫ。今では、このチェックも日課となっています。

早大時代からの友人で、国際政治学者として活躍している山本武彦さん（71歳）＝前早大政経学部教授、現早大名誉教授＝の写真が突然、フェイスブック画面に登場した時も、それこそ驚きました。教え子に囲まれた山本さんの笑顔。久しぶりの〝対面〟。とはいえ、ここまで辿り着くには、時間もかかりました。

特に自身の経歴や写真を最初から載せるのには、かなりの抵抗も感じていたのです。それが、ある授業で写真を載せることになり、「決行」。直後に数人から写真掲載についてのメールが届き、情報伝達の怖さも感じたほどでした。

今回のシニア取材でも、フェイスブックに加入していたお陰で、相手とすぐ連絡が取れたケースもありました。現役記者の場合は社名と名前を名乗ればスンナリいきますが、ＯＢともなると簡単にはいかなくなるのです。

相手先にプロフィールや取材の目的を伝えておかないと、ややもすれば誤解も生じてしまいます。その点、フェイスブックは「原則写真あり」「実名つきプロフィール」が掲載され、相互信頼が生まれます。電話取材でも昔からの知人のようなやり取りができ、「これはすごいことだ」と感心もしたことでした。

◆フェイスブックをビジネスにも活用しよう

友達間の交流だけでなく、ビジネスでも強力なツールになります。例えば、「グループ機能」を核にメッセージやイベント、写真、動画投稿、さらには「チャット」（ユーザー同士の会話）も可能です。自分の詳細なプロフィールを広く大勢の人達にも見てもらうため、名刺代わりにする人も多いのです。「タイムライン」で知名度をあげるなど、活用は無限に広がります。

また、企業では規模を問わずフェイスブックページを制作、営業活動に使うケースも増えています。シニア起業の場合は『小さな会社のFacebookページ　制作・運用ガイド』（深谷歩氏・12年・翔泳社刊）等が参考になります。商品のブランディング、店舗誘導など販売に最も重要な集客の基礎も盛り込まれています。制作用の無料アプリもあるので、知識があまりない人でもWeb戦略には打ってつけのツールと言えるかも知れません。

世界のフェイスブック利用者は14年6月現在、13億人を超え、過去最高益を記録しました（同社）。米国では企業の信用度を確かめるため、フェイスブックのホームページの有無も含めて利用されている、といいます。フェイスブックはわずか10年ほど前、米国・ハーバード大学生だったマーク・ザッカーバーグが学生間の交流を図るために開始。これがたちまち全米さらに全世界に広がりました。20歳の若者がこんな大きな仕事を始めるとは。

シニア層の我々には到底かないませんが、米国の大学内や周辺には大学生が在学中からベンチャービジネスを立ち上げやすい環境も整っている、といいます。投資家も揃っており、”金の卵“を積極的に探し出し、将来の株式上場等にも備えているのです。ただし、ネットだけに安全面でやや不安もあります。ブログ同様に他人の非難誹謗はご法度。お互いの関係も悪くなります。「炎上」も珍しくないので十分な用心も必要です。

フェイスブックと共に、欠かせないのがツイッターです。数行の「つぶやき」は時には大変な威力も発揮します。東日本大震災等では安否確認、被害状況把握などで他の情報より先行、驚かせました。有名人のつぶやきは興味が尽きません。私もシニア起業でブログをアップした際は、必ずフェイスブック、ツイッターにも「ブログ更新」を書き込んでいます。ブログ数はまだまだの段階ですが、今後、投稿数も増やしていきたいと思っています。

5 アフィリエイト、ネットビジネスにも挑戦

◆一体、どの位の「報酬額」が得られるのか

ブログなどに商品広告を掲載し、読者がその商品を買ったり、詳細を見るた

めにクリックした場合、ブログ作成者は広告主側から報酬が受け取れる「アフィリエイト」が盛んです。一時期のような爆発的な広がりはないようですが、ここに来て再び脚光を浴びています。その手段として活用されているのが、フェイスブック、ツイッター。メルマガやブログを活用した顧客獲得競争も激しさを増しています。フェイスブックの「いいね」ボタンが「5000人を超えた」、「メルマガ読者1万人突破!」など、威勢のいい話が飛び交います。

大手アフィリエイト業者のひとつ「A8・net」は毎月、成果報酬額ベスト3を発表しており、2014年4月はトップが1ヵ月だけで374万円を超えました。2位220万円、3位194万円。トップは10年近いベテランですが、2位はアフィリエイトを始めてまだ4年たたない新規参入者。このペースでいけば、年間2000万円から5000万円もの高額報酬となります。

メルマガも、ネットビジネスの方法を教える「情報商材」などが随所に盛り込まれ、売り上げも1000万を超えるベテランもいるようです。私も参入を始めましたが、まだ序の口の段階。慣れるにつれて成果が出てくるかもしれません。ビジネス関連のメルマガを舞台に全国幅広く交流をしていて、若い人たちの動向もよく判ります。企業経営の情報収集にフェイスブック同様、大きな力を発揮すると思います。シニア層のメルマガでは人生経験を踏まえての文章も多く、深い哲学を感じることも少なくなく勉強になります。

◆アマゾン参入へ、物販系で収入安定も

最近は、Ａｍａｚｏｎによる輸入・輸出など、ネットを活用した物販が人気です。中国、米国などから輸入、日本で販売。その逆で、日本製品（中国など外国製品を含む）を世界にネットで売り込むなど。１ヵ月の売上が5万円から１００万円超まで様々ですが、年間数千万円を稼ぎ出す青年もいます。

私が参加しているある中国輸入ビジネス塾では、せっかく東京芸大を卒業したのにその道に飽き足らず？ネットビジネスに参入。１ヵ月売上１００万円を超えている20代の若者もいます。また、始めて1年足らずで、そうした塾の準指導者になった若者も。最近のメルマガ、フェイスブックなどを見ると、シニアや主婦層でもネットビジネスがひとつの流行さえなっています。

ネットビジネスの市場規模はリアル店舗を含め、10兆円規模の巨大市場にまで拡大しているといわれています。顧客獲得のポイント競争も激しさを増すばかり。Ａｍａｚｏｎ、楽天、ヤフーの三強を核に物流競争も激化しています。

海外相手の輸出入は、外国語表記が多いだけに最初は戸惑いますが、簡単な翻

訳機能ツールも普及。こうした物販系は慣れれば収入も安定するのでお勧めです。ただし、最初から高額な仕入は避けた方がいいでしょう。

6 成功者は外部の創業支援活用がうまい

◆全国市区町村による創業支援が活発化

会社設立準備と並行して、各自治体、商工会議所・商工会、金融機関などの起業セミナーや、情報の活用もしっかりやっておきたいものです。第1章では、中小企業庁の委託事業でもある「ミラサポ」をとりあげましたので、ここではその他について紹介します。

日本の開業率はすでに触れましたが、欧米の半分（4・6％）。中小企業数も、1999年の484万社から2014年には385万社と、約100万社も減少しています。そこで政府は13年6月、日本再興戦略を閣議決定。民間活力による地域の開業率引き上げをテコに地方再生に取り組み始めています。第2次安倍改造内閣でも、地方再生が大きな目玉政策となっています。

これを受けて、14年1月には「産業競争力強化法」が施行となり、全国の市区町村は創業支援事業者と連携して「創業支援」を強力に推進する方針です。同年3月には第1次として全国94市区町村、合計87件が認定を受けました。この制度では、創業者の経営・財務・人材育成・販路開拓等の知識習得と併せ、登録免許税の軽減、信用保証枠の拡大等の特典もあります。

起業希望者の方は問い合わせてはどうでしょうか。次に具体例をあげます（14年4月。中小企業庁、総務省などのまとめ）。こうした取り組みは、地元自治体だけでなく、商工会議所、民間の支援事業者、金融機関等も参画し、総合力で推進しているのが特徴です。

①よろず支援拠点

対象は創業準備者を含めて、中小企業者全般。経営相談、支援。全国47都道府県に設置。

②創業支援活動

対象は創業準備者と創業後５年未満の業者。専門家による経営力強化支援等。当面、全国１７０カ所。

③創業スクール

創業準備者対象。創業" 予備軍" 発掘。会計・税務等、会社経営の基本習得。ビジネスプラン策定支援。同プラン策定から創業までのトータル支援。全国300カ所の支援機関で実施予定。

④創業補助金

開業にかかる一定の経費の3分の1。

次に、地域資源を活用した創業事例を紹介します。

①徳島県(阿波尾鶏を活用した畜産と農業の資源循環)

鶏糞をブランド有機肥料化。その肥料を活用した高品質な野菜、コメを商品化など。

②北海道芦別市(チップ製造事業)

温泉、温水プール等の燃料コスト増(重油)対策として間伐材のチップ化を計画。チップボイラーへの転換でコスト削減等。

③青森県青森市(ナマコ加工廃棄物の加工で、地域経済活性化)

中国輸出向けの乾燥ナマコ製造で出る廃棄物(内臓、煮汁等)から化粧品などに活用できる成分を抽出。廃棄物処理コスト削減と、雇用増。

④徳島県神山町(企業誘致見学者用の宿泊施設として古民家・空き家を活用、

整備等）

新規企業誘致のための研修施設整備。宿泊、物販業などで地元雇用増。

⑤静岡県静岡市（放置竹林対策）

竹を下水汚泥と混ぜて「高機能堆肥」を製造。耕作放棄地で近郊型野菜を栽培、高速道のサービスエリア等で地元特産物として販売。

◆商工会議所、商工会等の支援活動も盛んに

福岡市の「創業者応援団」は03年、地元ですでに起業している先輩創業者が新たに起業を希望する人たちの支援のために応援団を設立したものです。10年には、同市が運営するインキュベート（起業支援）施設「福岡ビジネス創造センター」の施設入居者のＯＢ会が発足。支援活動に拍車がかかりました。起業者のデジタルコンテンツ等を支援するための「スタートアップ・サポーターズ」も設立。応援態勢は、広がりを見せている、といいます。

国、市町村等の支援態勢強化に併せて、各地の商工会議所等も一斉に走り出し始めています。商議所、商工会はこのところ会員数の減少、よくて横ばいの状況。会員獲得も大きな〝事業〟のひとつで、今回の政府の起業率向上目標は追い風。これまでにも起業支援は実施してきましたが、ここにきて急ピッチで

取り組みを強めています。最大の東京商工会議所(会員数約7万7000人・件)は、96年度より創業支援事業を始めてきました。14年度も10月から12月に8回にわたり「東商・創業ゼミナール」(第46期)を開きます。

◆後継者育成とリスク管理の心構えも

せっかく、起業したのに、一代限りでは、もったいないと思いませんか。妻や子供など家族にも仕事を覚えさせておくべきです。役員になってもらえば、業務内容、やり方を大きな柱にした話題も広がります。私も妻の他、嫁いだ2人の娘に役員になってもらいました(いずれも非常勤)。また、友人、知人の中にも後継者候補を探しておく方がいいでしょう。

また創業と言いながら水を差すようですが、逆に「撤退」を余儀なくされる場合もあります。倒産、本人の健康問題等々、理由は様々ですが、ある知人によると「会社を畳むのは、設立よりもエネルギーがいる」といいます。こうしたリスク管理も、頭の隅に置いておくことも必要でしょう。

7 収入の柱は最低3つ持とう

◆本業＋2の複線型ビジネスモデル

現役時代に培った得意分野や幅広い人脈を生かせれば大きな柱になります。しかし、いくら得意とはいえ、それだけに固執して上手くいかない場合、打撃は大きくなるのです。そこで、「少資本、小規模、NOリスク」のシニア起業3原則に則り、「本業＋2」の複線型ビジネスモデルを追求してみましょう。

特に、パソコンを中心としたネット関連はどうでしょうか。ネットビジネスはやり方を間違えると痛手を被りますが、実績があって信用できる指導者を探しあてれば有力な収入源のひとつとなります。中国やアメリカ等との輸入・輸出ビジネス、ネットショップ運営、各種代理店展開などもあります。

ネットビジネスが成功し、収入も上がってくれば、今度は「先生」となってビジネス用の教材・情報を販売する情報サービス提供側に回ることも可能。資金を貯め、さらに他分野の事業に乗り出すこともできるのです。大まかにいえば、輸入・輸出、物品販売など物販系と、ネットを活用したアフィリエイトなど情報系に分かれます。これらの複合タイプもあり、いずれも得意分野を早く探すことが肝要です。著述業、出版分野もあります。

◆何種類もの収入源を確保する方法もあり

こうした複合型作戦については各種実践、案内本も。経営コンサルタントの和仁達也さん（47歳）は、名古屋大学農学部で木材廃材の強度研究をしていましたが、卒業時に経営者を目指して経営コンサルティング会社に入社した変わり種。27歳で独立。㈱ワニマネジメントコンサルティング代表取締役で活躍中。7万部を超えるロングセラー『世界一受けたいお金の授業』（三笠書房刊）など著作も多数あり、2014年は『決定版　年間報酬3000万円超えが10年続く　コンサルタントの教科書』（かんき出版刊）を出版。多額の「年間報酬」を達成するためには、何種類もの"収入源"が、必要として、講演、セミナーや本の出版、教材販売、講座運営等自身の経験をあげています。

実際には和仁さんのように成功するとは限りませんが、シニア起業でも参考になるかも知れません。私の場合、会社初年度は実質的に半年しかなく、同時進行で仕事以外の事柄が舞い込み、既述したように①日本初の弁護士費用保険代理店運営②物販・情報ネットビジネス③出版等―の3つを当面の柱に据え情報収集に力点を置きました。本格的な事業展開は次年度からになります。

8 情報は命。イベント会場は人脈づくりのチャンス！

◆あらゆる分野への気配りを忘れるな

シニア起業は、おおむねそれぞれの道ではベテラン揃い。しかし、専門以外の分野ともなるとそうもいきません。いざ会社を運営するとなると、事業の他にあらゆる分野にも気を配る必要が出てきます。税金ひとつを見ても、法人税引き下げのかわりに、中小企業への各種優遇措置が縮小されるとの政府方針が報道されています。特に安倍政権になってからは、いいか悪いかは別問題として、根本的な制度、仕組みが大きく変わる潮目に来ている感じがします。

第1章では、なぜシニア起業を急ぐ必要があるか、ややくどいほど触れましたが、こうした情報はうっかり見逃すと大きな影響が出てくるのです。「情報は命」を頭に叩き込みましょう。織田信長が桶狭間で今川義元を奇襲戦法で討ち取った際、一番の褒美を与えたのは義元の首をあげた家臣ではなく、義元の陣地を通報した家臣だった、という説もあるほど（故司馬遼太郎氏の小説『国盗り物語』・新潮文庫、文藝春秋社等）。情報の重要性を物語るエピソードです。

一番の情報源はやはり新聞です。新聞記者の〝はしくれ〟だったからいう訳ではありませんが、私の経験でもたった1行書くのに、10人以上から取材したり、専門的な話になると図書館や書店に駆け込み、あれこれ調べることは当たり前の仕事でした。今のように、インターネットがまったくない時代で、まさに〝足で稼げ〟だったのです。

◆広告・折込チラシも宝の山。成功の根源だ！

新聞はできれば最低2紙は必要でしょう。各県を代表する県紙は、共同通信、時事通信等にも加盟しており、地域情報はもちろん、全国各地、世界のニュースも豊富。また、経済紙や大手紙も会社運営には欠かせません。

最近は新聞離れ、活字離れと言われますが、新聞一部当たりの情報量は岩波新書1冊分にも匹敵します。これを毎日、家庭や会社に届けて貰えるのです。1カ月購読料3000円から4000円台。こんな安上がりの情報源はまずありません。

記事の他に紙面内の広告やチラシも会社運営にとっても大切な情報源。私も起業以降、以前に増してすべての広告やチラシも細かく見るようになりました。放送各社のニュース、特集番組、DVD、動画配信も言うまでもありません。

◆展示会、交流会で多くの人と面識を

各種セミナー参加による情報収集の大切さは前述したとおりですが、最近、全国各地でイベントがらみの産業展も盛んになってきています。北海道札幌市白石区流通センターにある「アクセスサッポロ」は、展示会場としては北海道地区では最大。この他「東京ドームホテル札幌」、「札幌コンベンションセンター」など。東北では仙台市の「夢メッセみやぎ」や、「サンフェスタ（産業見本市会館）」も人気があります。

関東地区では、何といっても「東京ビッグサイト」「東京国際フォーラム」が双璧。特にビッグサイトは、日本最大級を誇る８万㎡の展示場と国際会議場で、展示会・イベントも目白押し。毎年秋に実施される産業交流展は東京都、東京商工会議所等の主催で、２０１４年17回目。関東から多くの中小企業が出展し、国内最大級のトレードショーが売り物です。この他にも福祉、危機管理、工作機械等幅広い分野でイベントが毎日のように開催されます。

私も上京の折には必ず顔を出すことにしています。13年には脚光を浴び始めたばかりの３Ｄ展が行われており、操作実験に加わってみました。会場では、若手、ベテラン経営者、大学研究者らがあちこちで名刺交換。２日間にわたるこのイベントで、私も１００枚近い名刺が集まりました。こうした展示会、交

流会のメリットは、多くの人と面識ができること。名刺も貯まり、事業展開の参考にもなるので、機会を見つけてはぜひ見学すべきです。

名古屋市内では「ポートメッセなごや」(名古屋市国際展示場)、「ナゴヤドーム」。大阪市内では、「大阪国際会議場」や複合商業施設で知られる「ATCホール」もあります。この他には、「神戸国際展示場」(神戸市中央区)、「広島県立広島産業会館」(広島市南区)、「アクロス福岡」(福岡市中央区)、「グランメッセ熊本」(熊本産業展示場)等もあります。

◆全国各地の施設の跡利用に活躍する

珍しい会場では、98年2月の長野五輪で、スピードスケート競技会場となった「エムウェーブ」(長野市)があります。男子500mで清水宏保選手が金メダルを取るなど、華やかな国際舞台でしたが、ここだけでなく全国各地の競技施設同様に、その跡利用が大きな課題でした。

長野市から管理を任された㈱エムウェーブは、スケート以外にも幅広い施設利用方法を模索。全国コンサートから国内外の「ノスタルジックカーフェスティバル」「鉄道博」さらには産業展等も積極展開。アイスホッケー会場だった「ビックハット」等も併せ、年間延べ80万人を超える利用客で賑わいます。

運営会社社長を務める土屋龍一郎さん（53歳）は、全国３万６０００人を超える日本青年会議所（ＪＣ）の元会頭。長野五輪の際には、地元ボランティア５０００人、ＪＣ２０００人の先頭に立ちました。14年秋には、スイス・ローザンヌのオリンピック記念館で開かれたＩＯＣオリンピック・ミュージアム・ネットワーク会議に、世界23カ国の一員としてオブザーバー出席。日本は土屋さんだけでした。

15年春には、北陸新幹線（長野経由）が長野から金沢まで延伸。さらに20年には東京五輪。土屋さんは「ＩＯＣのオリンピック記念館ネットワークに加盟することで、今後、世界の情報を集めて、次世代の子供たちに、スポーツの楽しさをもっと伝えたい」。毎年、10月からはスピードスケートのトップ選手たちの練習が行われ、リンク周辺も熱気を帯びます。

また常設展ではありませんが、かつて製糸産業で世界に羽ばたいた長野県諏訪地区の「諏訪圏工業メッセ」も国内最大級の工業専門展示会ともいわれています。諏訪地方６市町村（総人口約20万人）の経済団体、行政などが精密、微細加工集積地「ＳＵＷＡ」を前面に打ち出し、今年で13回目。

14年10月の３日間、過去最高の３５０超社（団体）が出展。海外からも多くの見学・視察者が訪れ、具体的な商談も実施されました。「ものづくり」日本の先進例のひとつ。会場は、かつてバルブ業界では世界トップともいわれた旧東洋バルブ(株)の諏訪工場跡地内。「時代の変遷」も感じます。

第4章

広がる起業の芽。シニアの経験が生きる

ＩＴから農業、介護等幅広く活躍
個人でもここまで花開く！

1 次々に登場する新手のネットビジネス

◆広がる動画ビジネスチャンス

電子カメラに続いて携帯、スマホで写真が撮影できる時代になりました。特にスマホは動画も簡単に撮れ、あっという間に世界中に広まりました。NHKの「投稿DO画」等も拍車をかけたようです。2014年4月に韓国沖で起きた大型旅客船事故。修学旅行の高校生ら300人以上の犠牲者が出て、中に閉じ込められた生徒から生々しい音声付動画が発信され、涙をさそいました。

3・11東日本大震災でも凄惨な現場動画が多数、世界を駆け巡り、動画の凄さを改めて見せつけました。14年9月に起きた長野・岐阜県境にある御嶽山噴火。戦後最悪の火山災害となりましたが、居合わせた登山者からの命からがらのスマホ動画・映像が多数、マスコミ等にも寄せられました。こうした悲惨な映像の一方で、ビジネスに活用する動きも活発になっています。

『YouTube大富豪7つの教え　わずか180日で1億円稼いだ最新動画戦略の真髄』（ごま書房新社刊）を出版したYouTube戦略コンサルタントの菅谷信一さん（45歳）は、インターネット黎明期からホームページ制作業にも従事した業界歴15年に及ぶベテラン。日立製作所関連会社等勤務を経てWeb制作に従事。01年には独立・創業しました。

その頃から、企業などのネット集客の図式が大きく変化したといいます。それは、世界で流行り始めたYou Tube動画の戦略的活用により、極めて短時間に業績を大逆転させたり、動画だけで数億円の富を手にする「新種の成功物語」も相次ぐなど、大きな変化が起き始めている、といいます。

例えば、東日本大震災ですべてを失った人たちが、スマホやYou Tubeを活用して短期間のうちにお客や売上を伸ばしてゆく姿を見て、これからはフェイスブックではなく「You Tubeの時代」を確信したといいます。現在、㈱アームズ・エディション社長の菅谷さんは、出版した本の中でこうした戦略で売上を伸ばした全国の成功事例も多数紹介しています。

◆自殺未遂から生還した美人整体師も動画が恩人

菅谷さんの弟子で、エステティックサロン&スクール・Bonheur（ボヌゥール）代表の松本通子さん（28歳）。今でこそ事業も順調ですが、3000万円もの借金を抱え、自殺未遂まで引き起こすなど、〝ドン底〟も味わわされた苦い経験があります。大手エステスクールで学び、23歳の時、茨城県笠間市内でエステサロンをスピード開業、売上も順調に伸びていたといいます。それが3・11東日本大震災を機に顧客が激減し、人生が暗転。離婚・倒産の危機に直面したのです。たまたま菅谷さんの著書がきっかけで、YouTube動画制作の指導を受けることに。自殺未遂直後のことだった、といいます。

手持ちのスマホ1台。これに動画制作に必要な道具を100円ショップ等で買い揃え、連日、工夫を凝らした動画投稿。アクセス、売上も回復し、わずか1年足らずで経営を再建。夫とも復縁し、小さな子供との楽しい生活が戻りました。このドン底・成功体験をもとに、師匠の菅谷信一さん監修で『YouTubeの女王"ミラクル"人生リメイク術』(ごま書房新社刊)を出版。

この他に、『YouTubeは僕たち家族の日常をお金に換えてくれました』(13年・徳間書店刊　冥想グルメ・伊藤元亮さん著)、『YouTubeをビジネスに使う本』(14年・日本経済新聞出版社刊　㈱ソーシャルメディア研究所社長・熊坂仁美さん著)など、書店には動画作成・販売等を題材にした関連本が並んでいます。

◆YouTubeの活用、Webセミナーばやり

ネットビジネスの世界では「Webセミナー」ばやりです。わざわざ会場に

足を運ばなくても、動画や音声を全国の希望者に配信。大手予備校のような「画像教室」が増えてきました。パソコンなどに保存でき、何回も閲覧・視聴が可能。YouTube活用の新たな戦略で、今後ますます増えそうな状況です。

米グーグル日本法人は、テレビでインターネット動画等を視聴するための簡単な機器（USBメモリーよりやや大きいだけ）を発売。テレビの「HDMI端子」に接続すれば、無線LANのWi-Fi（ワイファイ）機能も付いているので、グーグルの動画配信サイト「ユーチューブ」や有料動画コンテンツ等を視聴できます。世界では数百万台も売れているといわれ、放送各社とネット会社の競争激化は必至。動画を巡る新たなビジネスも生まれてくるでしょう。

2 売上増にネットあり。枕のネット販売で6億円

◆同業もうらやむネット販売大当たり

ネットショップが全国で大流行しています。楽天、Amazon、ヤフーの「ネットご三家」に対抗するように、酒屋、菓子店、洋装店などの地元中心の小売店

がネットを駆使し、全国に向けて新たなビジネススタイルを構築。売上急増の会社も少なくありません。最近テレビでも放送された「枕」販売の「まくら㈱」（本社千葉県柏市）は河元智行さん（39歳）が高校同級生と2004年に始めました。ユニークなのは営業マンがほとんどいないこと。

800点の枕を含めて寝具・インテリア商材は全3万5000点に及び、すべて直営オンラインショップ18店舗で販売しているのです。その内の1店舗「枕と眠りのおやすみショップ！楽天市場店」は商品すべてを取り揃える「寝具の総合デパートメントストア」。月商4000万円を超える売り上げをあげているそうです。この他に楽天市場5店舗、Yahoo！ショッピング7店舗、ビッダーズ1店舗、独自運営ショップ4店舗を運営しています。

同社の特長は、枕・寝具販売で培った事業の仕組みを活用した営業戦略にも力をいれている点です。商品部は約1万点の商品データベースを活用し、卸売り事業も展開しています。対象は主に小売店が行うネットショップ構築、支援の他に、大型雑貨店、小売店など。「王様シリーズ」など人気商品を、実店舗やネットショップを運営する業者にも売り込んでいます。OEM製造、受託製造も行います。ネットショップ運営・管理にはWeb制作も重要な部門。ショップ運営代行や複数店舗運営の業務効率化ツールを制作。最近、新たにデザイン室も設け、Ｗｅｂデザイン、チラシ、パンフレット制作の請負も始めています。

◆枕のお試し制度を前面に押し出して成功

創業直後、取り込み詐欺に遭い、倒産の危機にも直面したという同社は今、年間売り上げが６億４０００万円と、創業時の約20倍に成長しました。危機を救ったのは、できるだけ在庫を持たずに、３～５日間で売切りも可能なネットビジネスに特化したからです。加えて社長の河元さん独自の〝枕理論〟。社員はもちろん、全国のお客さんにも理解してもらった点が大きいようです。

枕は、得てして同じものでも簡単に合うと思われがちですが、頭、首などの体格やベッド、布団などの違いによってかなりの個性があります。そこで、同社は「枕のお試し制度」を前面に押し出しました。購入した枕で実際に寝てみて合わなければ、何回でも取り換えＯＫにしたのです。

この方式を可能にしたのがネットの徹底活用でした。約30人の若い社員を率いる河元さんは「単なる枕の販売だけですと、市場はすでに満杯の状態でした。後発組の私たちとしては、インターネットという現代に不可欠のツールを組み合わせることで、事業が軌道に乗り始めました」と、いいます。

同社ホームページの一角には、大学卒業後、勤務した電機量販店の後、なぜ河元さんが枕事業に乗り出したのか、ストーリー風にしつらえた「文字動画」も掲載されています。同社発祥の原点といえるこの動画。たかが枕、されど枕。大きな未来も垣間見える動画でした。

●連絡先 info2@pillow.co.jp ☎（04）7167-3007 FAX（04）7167-3017

3 全国各地の成功例、生きるシニアの経験と実績

◆日本商工会議所の創業塾と経営革新塾

日本商工会議所は１９９９年度から、全国各地の商工会議所と共同で、「創業人材育成事業」を続けています。創業塾は全国延べ１４３０カ所で実施され、実に５万人以上が参加。第２の創業を目指す経営革新塾は延べ７７９カ所で開催され、１万８０００人以上が参加、それぞれの目標も達成しています。

10年には、中小企業庁の助成も受け、実際に創業または経営革新を成し遂げた「成功事例集」をまとめました。北は東北の秋田から、沖縄まで。業種も、

飲食業からシステム開発、設備工事業、家具職人、精密機器メーカー、縫製業、陶磁器卸、環境リサイクル、水産卸など多彩。

それぞれの創業、起業には、まさにその方の人生が詰まっているようで、とても感動的でした。ただし、残念ながら数年で廃業した会社もあり、事業の厳しさも改めて浮き彫りに。そこで、この事例集を元に改めて取材し直し、起業以降の状況などもお聞きしました。さらに全国各地の成功事例や新しい起業の動きなども採り上げました。商工会議所などに御礼申し上げます。

◆岐阜の和紙照明で「起死回生」

「ブライトーン」社長の石塚正己さん（58歳）＝岐阜県美濃市＝は、和紙を使った特殊照明製造・販売で、再チャレンジの真っ最中です。東京出身でパッケージの設計をしていましたが、「和紙」に魅せられ、仕入先の和紙製造会社に転職。住居も本社のある岐阜に。岐阜では古くから製紙が盛ん。特に「美濃和紙」は国の伝統工芸品に指定され、「岐阜提灯」でも知られています。

入社後、当時としては珍しい「ランプシェード」の注文が電気機器メーカーから舞い込み開発に没頭。日本産業デザイン振興会主催の「グッドデザイン賞」も受賞したほど。ランプシェードは、洒落た飲食店などでもよく使われる和紙を使った照明。特殊加工した「縮む和紙」も開発する等で、売上も向上。功績が認められ、04年には社長に就任しました。ところが、06年には前年の建築違反・「姉歯事件」発覚で建築基準法改正。マンション建設も激減、そのあおりを受けて同社も赤字計上に。一時は撤退も考えましたが、悩んだ末、照明部門を引き継ぐ形での独立を模索しました。地元の各務原商議所等にも縁があり、創業塾に入門。融資制度等の勉強も重ね、09年に53歳で創業。開業資金は600万円。従業員も5人引き継ぎました。

以来、美濃和紙の若手作家と新製品を開発。「WAKARI」という和紙ブランドも作り、独仏の見本市に出展する等、世界を視野に入れた作戦にも力を入れています。14年2月には、東京ビッグサイトの「東京インターナショナル・ギフト・ショー」に、初めて自社ブランド製品を出展。手のひらサイズの充電式LEDランタン「Coconi」は、家の中の「ここに置いて」をもじった命名で、若手作家、職人たちと共同で制作。会場には外国人も姿を見せ、「早速、アメリカのバイヤーからも、オファーをもらいました」。石塚さんの声も弾みます。値段は若干高めですが、15年春には本格発売の予定。経営はまだ「そこそこ」という状況ですが、国の地方重視に期待もあります。「WAKARI」

の「わ」は日本の「和」。それに大事な「人の輪」でもある、と石塚さん。「起死回生」なるかどうか。地元関係者も熱い期待を寄せています。

●連絡先 http://brightone.biz/

◆沖縄のもずく産業の幸運児、世界に羽ばたく

「私が今日あるのも、あの新聞広告のお陰です」。沖縄県糸満市で、もずく製品を中心に水産加工・販売業を営む「イトサン㈱」社長の大城忠さん（58歳）は、9年前の創業時をこう振り返ります。同市生まれの大城さんは専門学校卒業後、沖縄県内の出版社に勤め、広告営業を担当し、飛び回っていました。

しかし、これに飽き足らず、渡米。1年以上も英語を勉強してから、世界約30カ国を放浪。帰国後、「海外経験と英語」を武器に職を探しましたが、上手くいかず、家族のもずく栽培を手伝うことになった、といいます。ある年、もずくが採れ過ぎて廃棄処分寸前に。「ならば、私が買い取って売ろう」と、もずく卸販売業に手を染めたのが、業界に入るきっかけになりました。しかし、あれこれ努力しても、7年間は赤字経営。いつやめるか、の連続だったそうです。

そこで、心機一転、今度は「生のもずく販売」を計画。採れたてのもずくを漁船の中で「冷却保存」、加工場に持ち帰って冷凍保存すれば、商品を安定供

給できるのでは、と考えたのです。しかし、これには設備資金が相当かかることが判り、暗礁に。それが、冒頭でも触れたように、ある日、沖縄商工会議所の経営革新塾についての新聞広告が目にとまったのです。

「広告には〝第2の創業〟という、謳い文句がありました。ウン、これだ！と、思いましたね」。革新塾では、あくまで新規事業を始めるつもりで、必死に勉強したようです。沖縄県の支援制度も受け、ついに沖縄振興開発金融公庫から念願の融資を受けることに成功。融資額は3年連続、合計3000万円。保冷庫、保冷専用車購入。加工場も広くなりました。現在の年間売上は、約1億4000万円。創業時の売上の6倍以上に増えました。

8人の従業員も35人に。父は他界。兄も体調を崩したため、大城さんの責任も重くなりました。自社漁船の他に、一緒に漁を手伝ってくれる仲間の比較的大きい漁船も5隻に増えました。「個人経営から、ようやく事業らしくなりました。これも、商工会議所など、皆さんのおかげです」

事業計画書を手伝ってもらった税理士を同社の顧問に迎え、さらなる飛躍を期す大城さん。数年前からはネットを活用した「もずく料理レシピコンテスト」も始めました（09年2月12日付・みなと新聞）。「産地側からの情報発信も大事。

今後はネット部門を強化し、本土市場だけでなく、海外市場も視野に入れた取り組みを実施していきたい」と、大城さんはいいます。

●連絡先　info@mo19.com　☎(098)995-1896　FAX (098)995-1230

4 きわめて珍しい業種の起業例

◆日本で初の薪ストーブメンテナンス業

長野県伊那市の「薪ストーブメンテナンス　ストーブライフアドバイザー」の小野沢武生さん（44歳）。２００７年開業。開業資金３００万円。開業以来、お客も順調に増えており、声も明るい。元々埼玉県出身。父親は柔道・整骨院を経営。中学生の時からアウトドア派で、大学時代は自転車、バイクで国内外を飛び回りました。アウトドア用品メーカー等に就職、ふとした縁で駒ヶ根市の薪ストーブ輸入商社に転職。メンテナンス作業等も特別に教えてもらったそうです。その後、伊那商工会議所の創業塾に出会い、独立。

薪ストーブを使う世帯はまだ１％以下と少ないですが、メンテナンスに特化した業者は、当時、小野沢さんだけ。奥さんとの二人三脚で、売上も創業時より増えつつある、といいます。小さい頃は父親に柔道で鍛えられたという小野沢さんは「薪ストーブの暖かい炎が、たまらなく好き。あまり遠方はともかく、注文があればどこへでも飛んでゆきますよ」と、張りきっています。

●連絡先　info@stovemain.com　☎(0265)73-8447　FAX(0265)73-8437

◆燃え尽き症候群から脱出、ウクレレ教室は元気いっぱい！

福岡県福岡市のハワイアンプロショップ「MAHALOぷあぷあウクレレ族」オーナーの須崎恵輔さん（62歳）は、07年にウクレレ教室を開業。九州一円のウクレレファンの〝リーダー〟として先頭に立っています。地元の映像制作会社に就職、番組・CM制作などを担当していましたが、長年の勤務でストレスがたまって、「燃え尽き症候群になりかけていた」といいます。

47歳の時にハワイでウクレレに出合い、「すっかりハマった」そうです。現地でウクレレを買い求め、帰国後の職場でもウクレレを離さない程の熱の入れよう。「ウクレレの何とも言えない音色に、すっかり癒されました。自分だけ楽しむのは申し訳ない」。仲間が次第に増え、皆で「九州ウクレレ族」を結成。小倉、博多駅の中間に赤間というJR駅近くのハワイレストランが練習場所。

1ヵ月に1回、別府や熊本、佐世保等からも駆けつけ、多い時は60人を超え

5 増える女性の起業、これから起業の”主役“にも

◆様々な新人作家に発表の場を提供

る盛況ぶり。九州にはウクレレ専門のプロショップがなく、仲間に薦められ、店を出すことにしました。福岡商工会議所の創業塾を受講し、創業。事業はウクレレ教室と、ウクレレ楽器、ハワイアン関連グッズ等の販売中心です。

”教え子“はこれまでに約400人。最高齢は88歳のおばあちゃん。習い始めてからもう6年、メロディーも暗譜。バスで通ってくる元気印です。最近は、団塊の世代も定年退職の時期に入り、60歳の手習い組が急増中。ボケ防止、癒し、趣味等々、きっかけはそれぞれ違うものの、教室にも熱気が入ってきました。毎年、ハワイからプロのウクレレ演奏家がやって来ます。ストレス発散の癒しが高じて、趣味で起業。須崎さんの声も弾む毎日です。

●連絡先 ☎・FAX (092) 724 - 7661
http://www.geocities.jp/ukulelezoku/

秋田市の歴史ある歓楽街・川反《かわばた》に拠点のある「ココラボラトリー」は2005年開業。アートスペース（ギャラリー）の貸出、印刷物のデザイン、オリジナルグッズの制作、イベント企画、美術工芸品の販売を手がけます。秋田県内だけでなく全国からイベント開催の申し込みも。社長の笹尾千草さん（37歳）は、京都にある創業元禄元年の老舗竹材店でデザインの商品企画やネット販売等に従事。03年に故郷・秋田に帰郷。「秋田を、京都のような、アート文化で賑わう街にしたい」と創業しました。

京都時代、和菓子、金属工芸、漆、竹細工などの同世代の職人とグループを作り活動。人脈作りの経験が秋田でも花開いたのです。秋田商工会議所の創業塾に出会ったことも大きかったようです。事業の肝は、単なる貸しスペースだけでなく、自身や仲間の〝デザイン事務所〟の要素も加えたことです。

昨年末から体調を崩している笹尾社長に代わって、ココラボを切盛りする社長代行の後藤仁さん（39歳）は創業以来、笹尾さんと共に働くデザイナー。「経営は厳しいが、様々な作家の発表の場としても重要だと思います」。自身もポスター、チラシ、ユニークな名刺制作等にも力をいれています。

イベント開催には、必ず地元の新聞社、テレビ局等に案内を出しますが、日頃から掴んでいた愛好者にもイベント内容をメール配信。ツイッターなども積極的に活用しています。ホームページには、美術を中心に「工芸、音楽からデザイン、建築、農業まで。ほぼ週代わりで企画が入れかわります」とあります。「ココ（coco）」には「地域《ここ》」・「個人」（個々）・「共同」（co-）の３つの意味が込められ、原点にかえりながら新たな展開も模索する毎日です。

●連絡先　☎・FAX (018)866-1559
http://www.cocolab.net/

◆ハーブで人生が「変わった」！

埼玉県さいたま市の「Ｈｅｒｂａｌ　ＭＯＭＯ」（ハーバル・モモ）主宰の園藤祐子さん（49歳）は、09年開業。ハーブを手軽に楽しめる教室を開催、オリジナルハーブ商品を製造・販売し、農作業体験の場も提供しています。教室の生徒も増え、順調にいっているようです。開業前は、金融機関に勤めた後、結婚。人材派遣へ転職、パワーハラスメントに遇い、退職・離婚と辛いめにあってきました。休養生活中、千葉県にある自然農法を主体とするオーガニック農園を紹介され、６年間、徹底的に農作業を学びました。

心身共に回復し、ハーブにも出会い、インストラクターの資格を取得したことで、後の人生も大きく変わったそうです。この農園の縮小に伴い退職。07年に自身のハーブ教室を開設。飛躍を求め、さいたま商工会議所の女性創業塾の門をたたきました。商議所の指導で開業計画書を策定。創業塾卒業後に開催された08年「さいたま市ニュービジネス賞」に応募、見事「女性創業賞」を受賞。ビジネスの基本を学んだことで、自信がついたといいます。

さいたま市やさいたま商議所のバックアップが大きかったようです。園藤さんが成功したのは、ハーブ教室、ハーブ製品製造・販売、それに農業体験の3部門に事業をきっちり分けて取り組んだ点です。09年には正式に開業届を関係機関に提出して創業。ハーブ教室の生徒は延べ120人。1年かけて協会認定資格の取得を目指すコースもあります。「収支はまだトントン」で、ハーブを核にさらに人脈の輪を広げています。

「事業を広げるには、異業種の方たちの協力がないとできません」。今後は、ハーブの薬理効果を活かしたスープやポタージュのレシピを開発し、新鮮で安全な野菜とハーブをテーマにした「薬草スープ屋」の構想もあります。これに玄米、天然パンなどを添えた食事を開発。宅配を視野に入れた事業も展開したい、とも。ハーブの持つ可能性に大きな未来を描いているようです。

●連絡先　herbal-momo@jcom.home.ne.jp　☎(090)2413-7060

◆元看護師、家族全員で介護に全力投球

㈱セブン・スマイル社長の山口優子さん（59歳）は、埼玉県春日部市西宝珠花で高齢者介護事業「ふくしあ」を営みます。07年開業。事業内容や施設も増え、デイサービス、訪問介護、居宅介護等4施設、6事業。地域の信頼も厚く、利用者約60人。パートを含め従業員60人の先頭に立ちます。

長野県の県立看護学校を卒業後、故郷の木曽福島町から上京。看護師を中心に越谷市や春日部市などに勤務する公務員でした。55歳位で早期に〝定年〟にして、「飲食業ができれば、いいな」と漠然と思っていた中、地元の新聞に春日部商工会議所の創業塾の広告を見て参加したのです。

カリキュラムに沿って事業計画書作成も学びましだが、どうもうまく進みません。講師から「看護師の経験があるので、介護事業でも検討したらどうか」と薦められ、本格的な事業案作成を始めました。これを契機に事業案はドンドン進み、事業計画書を再三、練り直し。国民生活金融公庫（現・日本政策金融公庫）、埼玉県の制度融資「起業家育成資金」も受けられることになり、市役所の退職金を合わせて600万円の資金を確保、会社設立に至りました。

社名の「セブン・スマイル」は、日本語に直すと「七笑」。木曽の銘酒にもありますが、山口さんの生家近くにある「バス停・七笑」から思いついたとか。とかく暗くなりがちな介護施設だけに、何事にも笑顔でという意味も含まれている"縁起"のいい名前です。訪問介護、居宅介護支援から始めて、通所介護、地域密着型認知症対応型通所介護施設も整備。夫（66歳）に加え、介護関係資格を取得した娘2人の4人で、従業員と共に朝から夜まで飛び回る毎日。

今後は医療、介護に関する予算も厳しい状況が予想されますが、「元々、国や市の補助もなく、自然体で皆が食べていければいいだけ」と割り切る山口さん。一方で、介護の楽しさについて「人との関わりにパワーをいただいて続けられることでしょうか。自分が楽しめて初めて人と接することができます」と語り、人生の先輩に勇気と智慧もいただき、「私は幸せ者です」とほほ笑みます。

●連絡先　☎(048)-748-2077　FAX (048)748-2080

介護現場ではきつい仕事を敬遠し、人がなかなか集まらない悩みを抱えています。厚労省が14年2月の「第6回社会福祉法人の在り方等に関する検討会」に提出した資料によると、11年度の全国介護職員は139万9000人（訪問介護員を含む）。10前に比べ２倍増。この統計は09年度以降、調査方法が変更されているので単純比較はできません。また訪問、通所リハビリテーション等の数は入っていません。その中で現場は人出不足に悩まされているのです。

介護分野の有効求人倍率はおおむね１・３～２・３と、全国の全業種より常に高く、雇用情勢がよくなればなるほど介護職への応募者も少なくなります。このため、歴代政府も介護職員の待遇改善には力を入れ、15年度も介護職員の賃金アップを目指す方針。一方では、医療、福祉関連の総予算は財政危機の中、圧縮を余儀なくされ、この調整をどう図るかが課題となっています。

6 増える子育て中の女性の起業
～自分らしく自然体で～

◆プリザーブドフラワー教室が華盛り

女性は就職し、結婚・出産をすると子育てという新たな局面を迎えます。企業も子育て中の女性に対し時短勤務制度を設けるなど配慮する動きが活発になってきました。しかし、子供の急病などで休まざるを得なくなると周囲に引け目を感じ、様々な制約の中で働いているのが現状です。そんな中、自分のスタイルに合った働き方を求め、起業する子育て中の女性が増えています。

東京都江東区にある住宅街の一角。自宅マンションの一室を開放し、プリザーブドフラワー&アーティフィシャルフラワー教室「アトリエ・エクリュ」をオープンさせた東樹《とうじゅ》麻理子さん(38歳)。元々インテリアに興味を持ち、大学卒業後、東京・名古屋両証券所・1部上場のインテリア商社最大手の「サンゲツ」に就職しました。同社は幕末創業の老舗。東樹さんはここでインテリアコーディネーターとして、個人宅や店舗のコーディネートを担当。ディスプレイ製作、インテリアセミナー講師等も務めました。

仕事と並行して力を入れていたのが、コーディネートのスキルアップです。都内のホテルの1室で開催されている「コーディネーションアカデミージャパン」主催のスクールに参加。インテリアやテーブルコーディネート、フラワー等、空間を彩るテクニックを総合的に学びました。7年間勤めた後、退社。その後長男を出産。子育てをしながら自宅でできる仕事はないかと考え、プリザーブドフラワーの教室を自宅で開くことを決意。2009年のことでした。

教室の名前「エクリュ」はフランス語で「生成り色、自然のままに」という

自然のままのプリザーブドフラワー

意味。教室を訪れた生徒さんが”自然体“でいられるようにとの願いを込めています。仕事や家事、育児にと忙しく追われ、ストレスも多い現代女性たち。

この場所で「美しい花に触れ、創り、非日常も味わって」との想いも寄せた教室です。生徒は50名ほど。クリスマス、母の日の前の参加が多いそうです。

同教室独自の免状取得から単発コースまであり、毎月6～8回程開催。8割が子育て中の30、40代の女性たち。東樹さんの用意したお菓子や紅茶を囲み、子育て談議に花が咲くことも。東樹さんも育児相談に乗ってもらうなど、先生と生徒という枠組みを超えたつながりを心から楽しんでいる様子です。

ブログなど情報発信にも力を入れ、お客様宅に伺ってのインテリアコーディネートサービスやワークショップ開催など、インテリアコーディネートの仕事も再開しています。生徒さんたちが口コミでお客を紹介してくれるそうです。

会社員であるご主人も協力的。実家の手助けなど、多くの人の力も借りて教室を続けることができました、とも。自身の環境に感謝しながら、教室のテーマでもある、自分らしく、自然体で仕事の幅を広げている東樹さん。これからの女性の働き方のひとつのヒントになりそうな予感がします。

●アトリエ・エクリュ http://petibouquets.web.fc2.com/index.html

●スマイルインテリア http://ameblo.jp/smilesmile-interior

◆「ママ友」も負けじと、ネットビジネス

シニア層や主婦を加えた起業研究会もこれから増えるでしょう。ネット通販、ブログなどによるアフィリエイトへの関心が高いようです。幼稚園のママ友も多い場合は、子育てをしながら、グループでの副業希望も増え、在宅、パソコン1台、少資本。シニア層との大競争を繰り広げるかも知れません。

7 土佐の果樹園で再起。自身へのリベンジ？

◆皮ごと絞った原液100％ジュースを開発

全国でも日照時間の長さを競う高知県高知市で、ある果樹園が注目を浴びています。「土佐名産会」。昨年71歳を迎えた青山洌《きよし》さんの「文旦《ぶんたん》」農園です。ポンカン、小夏、柚子を皮ごと絞った原液100％ジュース。各雑誌で日本の美味い物2012に選定されています。地元はもちろん全国のレストラン、ホテル、小売店等で販売。主に業務用です。

このジュースの「売り」は、何といっても無農薬有機栽培。貝殻や鶏糞を使って作る堆肥は、すべて自家製です。人口受粉も避けて虫による自然受粉にこだわります。なぜ？　「元気な木に育ってもらいたいから。これだけ手間暇をかければ、木だっておいしい文旦に育ててくれますよ」と、青山さんは強調します。農園は、香美市、香南市など4カ所。合計で1町歩余。すべて地元の耕作放棄地をただ同然で借り受けています。その代わり、樹木周辺の雑草は毎週刈り取る。地元土地所有者とは「ウイン、ウイン」の関係なのです。

◆東京・新橋で総勢100人の出版社経営

一見「気楽」に見えるこの農園に辿り着くまでには大変な過去がありました。約12年前まで青山さんは東京・新橋の銀座近くで、総勢100人を抱える出版社を経営していたのです。主な分野は建築・インテリア関係の専門書。高知県生まれで、腕1本で会社を興し成功した、いわば出世頭の1人でした。

当時は景気も良く、本も「バンバン売れた」といいます。従業員全員を連れて、豪勢な海外社内旅行にも出かける程の勢いでした。ところが、1992年バブルがはじけ、見る間に売上が減少。倒産寸前まで追い込まれ、ついに会社を閉じざるを得なくなったといいます。倉庫の中は売れない本だらけ。

明日の生活にも事欠く状態でした。そこで、50万円という最も高い定価がついていた料理本（ビデオ付き）に目をつけ、全国で販売することにしたのです。しかし、まったく売れず、以前からの知り合いで有名な料理家・服部幸應先生に相談したら「そんな高い本は絶対に売れない。18万円位にしたらどうか」。この一言が青山さんの人生を変えることになったのです。有名レストランを訪ね歩くこと5年余。5000冊もあった料理本がすべて売り切れました。

しかし、苦難はまだ続きます。閉めた会社の債権者等との裁判。借金も依然として残っていました。そこで、今度は輸入本を販売することに。ドイツのフランクフルトでは年に１回世界一ともいわれる書籍見本市が開かれます。ここで世界中の本を購入してきては翻訳し、販売したのです。７、８年にわたってこの事業で命を繋いだ、といいます。

◆無農薬果汁が念願の日本農林規格に認証

高知の実家では、年老いた母が１人暮らし（現在もご健在で97歳）。子供もアトピー性アレルギーで苦しんでいたことから、12年前「無農薬なら、アレルギーも治るかもしれない」と、実家に戻ることにしたのです。その後、㈱土佐名産会を設立。資本金１０００万円。従業員２人と共に、朝から働く毎日。元々は果樹栽培も素人。転進後も大分苦労したようです。03年、文旦販売。06年には無農薬果樹栽培が認められ、日本橋高島屋催事で販売。阪急百貨店お中元品に採用。雑誌「サライ美味取寄せ貼」に掲載。

10年には、料理本販売の際の恩人でもある服部幸應先生が「お取り寄せグルメ」に採用してくれたのです。一気に土佐名産会の名前が全国に広まりました。2年前には、一連の無農薬果汁が念願のＪＡＳ（日本農林規格）に認証。高知の文旦専業農家として初です。成功から一転、地獄も見た青山さん。20年に及ぶ再起への戦いを振り返り、「これは自分へのリベンジでもある。あと10年は必ず戦いを続けますよ」。幕末、海援隊を産み、日本の目も開かせた坂本竜馬。その心は脈々と受け継がれているよう。さすが「土佐っぽ」です。

●連絡先　info@tosameisan.com　☎(088)-846-3360

8 名刺は「百姓」。栽培はお手の物

◆農業試験場退職後の人生もやはり農業

堀内寿郎さん（75歳）の名刺は一風変わっています。ほとんどの人は、「百姓」の名刺を眺めた後、「どうしたのですか」。不思議な顔をします。周囲の心配をよそに日焼けした顔でひょうひょうとしています。「百姓」に転進したのは、15年前。長野県職員を60歳で定年退職した直後でした。信州大学農学部を卒業後、長野県農業試験場に就職。幹部ポストの傍ら、約40年近く研究一筋。

最後は農事試験場を退職。現役時代は大豆、水稲から大小麦の品質改良等を重ね、関係した大豆の農林登録品種は20品種余。これらの品種は一時、本州の大豆面積の3分の1を占めたとか。水稲では「ながのほまれ」「もちひかり」等を育成しましたが、中でも酒米の「美山錦」は現在、淡麗辛口で評価の高い長野県の清酒を支えているといいます。

退職と共に、まず先祖伝来の土地の一部15アールから「百姓」を始めました。栽培はお手の物。大豆、小豆、かぼちゃ、こんにゃく等を育て、友人知己、近所の奥さん方と味噌やこんにゃく等の農産加工をし、残ったものは出荷も。4、5年前からは、農家から5～6アールの畑を借り受け、スイートコーン約2000本を植え、近隣の人たちに配って喜ばれています。

◆農業技術継承に命、農業指導も

これと並行して、一番力を入れているのが農業指導。「道の駅」に出荷する農家、家庭菜園、小学校や幼稚園にも、要請があれば出かけます。話は一般的な栽培法から病害虫、有機無農薬栽培、時には遺伝子組み換え作物や、食育教育にまで及びます。堀内さんの心配は、間もなく昭和ひとケタ生まれの農業者がいなくなること。昭和ふたケタ生まれもあと数年で農業を続けられなくなる。そうしたら農業技術は誰が継承していくのか。危機感を強くしています。

耕作放棄地の問題も、さらに深刻です。先祖たちが汗して農地を拓き、耕して食糧を得てきたからです。地球上の人口が70億人を超え、日本の食糧事情は年々厳しさを増しています。農業問題は、単に農民農村の問題にとどまりません。食糧のエネルギー自給率40%、穀物自給率20%前後の日本では、いまや農業問題は国民食糧をいかにするかの大問題です。

シニアの農業で多くの収入は期待できそうにありませんが、「農業技術の継承と農地の保全のため、シニアが農業参加し、農業・農村を活性化してもらいたい。それは、現役時代に支えられた人々への恩返しと、自身の老後の健康管理にも貢献できると思います」。堀内さんはこう締めくくったのです。

9 青森と東京を結ぶ共同戦線

◆下北半島特産の海藻類やつまみを販売

東京・下町の亀戸天神から歩いて5分程。亀戸香取勝運（かちうん）商店街の一角に「青森交流ショップ　むつ下北」が開業したのは2011年です。店主は河野崇章さん（60歳）。朝10時半過ぎから夕方6時半まで、故郷青森・下北半島特産の海藻類、イカ等のつまみ、南部せんべいなどを販売します。

下北半島といえば、明治維新後、戦いに敗れた会津藩士や家族など約1万3000人が、半島の中央部（現・むつ市）に強制移住させられた悲惨な歴史を伝え、86年にはこの悲劇を取り上げた時代劇「白虎隊」が日本テレビから放映。河野さんの一族は以前からの地主で、多くの田畑、山林を所有。

下北半島に生まれ育ち、上京。大学中退後は都内で広告企画会社に勤め、主に公官庁も回る忙しい生活を送っていました。50歳の峠を超えた辺りから、第2の人生も意識し始め、次第に頭の中で具体案が浮かび、05年に会社を退職。故郷、青森や下北の地域振興に関わる活動も始めました。08年には旧川内町（現青森県むつ市）にある先祖伝来の山林や農地の処分を巡り、荒廃山林・耕作放棄地が社会問題になっていること知り、この解決策に苦慮したといいます。

◆兄弟で意見が一致して起業決断

教員だった両親が衰えを見せるようになり、その世話も兼ねて東京―青森間を行ったり来たり。青森などの百貨店に勤めていた弟の河野紹視さん（58歳）に相談したら、一緒に農業中心に事業を始めることで意見が一致しました。そこで兄・崇章さんが08年から始めていた農業等を基盤に、09年「一般社団法人北のまちふるさとプロジェクト」を設立しました。

代表理事には弟の紹視さんが就任するかたわら、むつ市に臨時職員として勤務を始めました。主な仕事は、新作物の事業化に関する調査・計画等の補助。兄・崇章さんも、むつ市より「元気むつ市応援隊プロデューサー」に委嘱されました。以降、堰を切ったように活動も急ピッチ。紹視さんが「美味・安全野菜栽培士」（日本園芸協会）認定証取得。崇章さんは水土里ネットあおもり（青森県土地改良事業団連合会）主催の研修会で講演。耕作放棄地再生第1号として、むつ市城ヶ沢、川内町に約3000平方メートルの畑を「耕起する」…。こんな調子で、事業は進んでいきます。

◆農業と販売の分業体制を続ける

こうした活動も当初からスンナリ進んだ訳ではありません。退職直後は、先輩、友人からも再就職先を紹介されましたが、すべて断っています。「今さら新しい環境の中で、若い人に使われるのは嫌だ。勤めたとしても50代後半になったら、再び退職を考えなければならなくなる」というのが主な理由。60歳以降の長期的視点で見て大分迷ったとも。今は、弟・紹視さんが下北・むつ市で農業、兄・崇章さんは東京で販売という分業体制・共同戦線が続きます。

むつ市支援で毎年行われるイベントには多くのお客が集まります。その後、崇章さんは販売のための「㈱グリーンパートナーズ」を設立。「売上はお話できるような段階ではありません。この商売もなかなか難しいですね」。それでも〝収穫〟も多々あり、人脈に加えて食や流通に関する知識、デリバリー等が格段に広がりました。満60歳になり、今後の展開を思案中。核に据えるのは人的資源の活用。レストランなどの外商に力を入れていくといいます。

●連絡先　☎(03)5875-0957　FAX(03)5875-0967

10 農家に「ヨメ・ムコ」探しで結婚相談所開設

◆54歳で退社。長年の「ユメ」農業貢献

「農家に嫁さんを」。こんなキャッチフレーズで、結婚相談所を開設してしまった男性がいます。埼玉県在住の中川洋さん（54歳）。子供の頃、アフリカ（ビアフラ）の栄養失調の子供の写真を見てショックを受け、これがきっかけとなり、東大農学部に進学しました。大学では農業も研究テーマですが、食料問題も研究する内にその難しさに直面しました。

卒業後、協和発酵（バイオ）に就職。薬の原材料などを製薬メーカーに納入する営業などをこなし、6年ほどドイツに駐在。その後、50歳の坂を越えたあたりから、60歳定年前の退職、起業も考えるようになりました。しかし、いざとなると良い事業案が浮かばず悶々とする日も。結局、農業そのものに従事するのではなく、「サポート」に回ればどうかということに辿りついたのです。

農家は今、お嫁さんの「きて」がありません。今後もこの傾向はさらに深刻になるのは必至。こう考えた末、最大手といわれる結婚相談所チェーンの門をたたいたのです。奥さんの了解も取り付け、正規加盟店の権利を取得。2014年7月に「和顔愛語の結婚相談所」を自宅で開業しました。このチェーンは7年前に設立され、加盟店930社。約5万人の独身者が登録しており、ナスダックにも上場。今後、婚活ビジネスは幅広く活動が期待される業界です。

「本格的にはこれからですが、何とか日本の農業再生、発展の手助けでもできれば」といいます。「愚か者にとって老年は冬である。賢者にとって老年は黄金期である」。中川さんが好きなユダヤの格言。その通り、「かっこ良く賢く年を重ねて、黄金期を楽しみたい」とも。ブログでは「和顔愛語」（日本を元気にしよう！世界を笑顔にしよう！）というニックネームで日々の思いをつづる中川さん。笑顔を振りまきながら、あちこちに開設の案内を出す毎日です。

●連絡先　☎(090)2476-4809
http://hemgnakagawa.wix.com/waganaigo

◆自治体も婚活制度を推進

長野県飯山市は14年度から「結婚仲人制度」を導入。結婚仲人として名簿登録を行い、男女の紹介、相談活動で、成婚まで辿り着いた場合に報奨金5万円が支払われます。人口2万2000人。「いいやま住んでみません課」によると、結婚する男女のどちらかが飯山市民で、結婚後も1年以上、同市に住む見込みがある場合が条件。富山県南砺市にも婚活推進員・通称「なんとおせっ会」があります。「南砺で暮らしません課」は婚活支援、定住対策、住宅取得等の各種補助制度を一元化し、少子高齢化、人口減少対策を行っています。

11 農業法人・農家に人材紹介、登録5万人の大盛況

◆農業の現場は確実に変わりつつある

「農業を体験したい」「短期間でもいいから、農家でアルバイトをやってみたい」「農業（法人などに）就職したい」。こんな若者が急速に増えてきました。農家の側も人出不足解消のため求人案内を出したり、農業法人の場合は単なる現場の〝腕力〟だけでなく、販売開拓、企画、経営分野での人材確保にも懸命。6次産業化の波も広がってきました。

要望の波に上手く乗って企業化する群像も増え始めています。5年前、千葉市内で「㈱あぐりーん」を立ち上げた吉村康治さん（37歳）もこの1人。千葉県生まれで、大手人材派遣会社に入社、2年目には東京の支店長職に。ちょうど小泉内閣の規制緩和・派遣法改正の波に乗り、超多忙の毎日。全国展開を目指す会社の命令で、岩手や富山等で新規支店開設などに追われていました。この時の体験が後になって大いに役立つことになります。

転勤先には農家も多く、「牛のフンを片つけてくれる人がほしい」「収穫時に人出が足りない」といった「注文」も珍しくありません。農業は田舎にとって基幹産業。こんな信念が強まりつつあった2008年、リーマンショックに襲われ、会社も経営が悪化。思案の末、思い切って会社を辞め、新たに農業に特化した人材紹介会社を立ち上げることにしたのです。資本金800万円。

同社のキャッチフレーズは「農業求人サイト」「農家のおしごとナビ」。まず、農家・生産法人から求人を申し込んでもらいます。サイトの掲載料は、1ヵ月間2万4000円。3ヵ月、6ヵ月もあり、1年間だと15万6000円。同社が応募者との一次対応を行う有料サービスもあります。紹介の仕事は野菜、コメ、花卉栽培などの他、酪農・養豚・養鶏、さらには競走馬の分野も。

農業に関する情報を随時提供し、農業体験の運営・募集も行っています。求職登録者は5万人を突破。取引農家も1000軒。ヤフー、グーグルのネット検索数も上位を保ち、順調な状況のようです。吉村さんは「少子化が年々進み、労働力は本当に足りなくなってきました。特に地方は深刻。農業も同様。地方再生には、農業の再生が鍵を握っていると思う」とし、今後は家族経営からの脱却、意欲のある人材育成、国際化対応等の必要性を強調しています。

●連絡先　☎(043)244-7631 FAX (043)244-7632
http://www.agreen.jp

12 アジアに命をかける男たちの意地

◆いまアジアは燃えている

「いま、アジアは、経済成長期に入ってきた。これほど急激で、大規模な新市場の到来はいまだ、なかったと思う。特に、日本の中小企業にとっては、最大のチャンスだ」。２０１４年９月上旬。東京都内のイベント会場。全国から集まってきた１００人を超えるセミナー受講者を前に、熱弁を振う講演者。

「アジアビジネスカンファレンス・ｉｎ　東京」。今回で42回目。大阪に次いで東京は、２日間連続の勉強会です。主催しているのは、近藤昇さん（52歳）。㈱ブレインワークス社長。近藤さんの基調講演に続き、ＩＴ、建設、農業、小売り等の分野ごとに、日本国内はもとよりアジア各国で活躍する講師が次々に登壇。聴き入る大手企業の若い社員はもちろん、中小企業の経営者も真剣そのもの。いま、まさにアジアは燃えているのです。

農家の次男に生まれた近藤さんが、徳島県の高校から進学したのは神戸大学。その神戸で近藤さんがある会社を立ち上げのは20年前でした。ちょうど、バブル経済がはじけた頃。それが、現在のブレインワークスです。しかし、ここまで辿り着くまでには、何度も大きな難関を突破しなければなりませんでした。まさに波乱の人生ともいえます。

◆大学同期生はあの有名なノーベル賞受賞者

神戸大学の専攻は工学部建築学科。１級建築士、特殊情報処理技術者の資格もあります。大学卒業と共に大手建設会社に入社、配属されたのは建設現場ではなく予想外の電算室。父親譲りの負けん気が頭をもたげ、４年ほどで会社を辞めてしまいます。「自分で生きてやる」。これが近藤さんの原点となりました。まず、当時としては珍しいＩＴ技術者の派遣会社に転職。

エンジニア幹部として再出発を図った訳ですが、何と部下は言葉もろくに通じない中国人２人とマレーシア人３人。わずか２年間だけでしたが、後々、近藤さんがアジアビジネスに目を向ける大きな伏線となりました。ちなみに近藤さんが学んだ神戸大学の同期生には、12年にiＰＳ細胞でノーベル賞を受賞した山中伸也さん（現京大教授）もいます。「学部も違うし、後になって同期だと判った」と苦笑いする近藤さん。縁とは、不思議なものではありります。

ＩＴ派遣会社を退職後、31歳で念願の会社を神戸で立ち上げました。今のブレインワークスです。しかし、当初は子供服やベビーカー等のリサイクル業。

徳島の田舎から母親の和服を送ってもらい、売ったことも。そして創業1年後には、阪神淡路大震災に見舞われたのです。事業は立ち往生。思案の末に、IT事業に転換。パソコン教室やソフト開発、システム構築請負、ITエンジニア派遣などを始め、やがて中国、韓国、台湾にも進出しました。

◆徹底した現地主義、縁あってベトナム事業開始

IT事業の主なテーマは、各企業の総合支援事業。これを核に経営指導、人材育成事業、アウトソーシング事業、ブランディング支援にも手を広げました。さらに、アジア・メコンエリアで、日系企業、ローカル企業にも同じようなサービスを開始。徹底した現地主義を貫き、自分の目で確かめないと、簡単には前に進みません。社員も男女問わず数ヵ月から長い時は3年も現地駐在させる徹底ぶりです。現地では、政府関係者や商工会議所幹部、企業人などと幅広く交流を重ね、経営者向け講演、研修活動も精力的にこなします。

13年2月には、グループ傘下の出版社から『だから　中小企業のアジアビジネスは失敗する』（カナリア書房刊）を出版。この中で近藤さんは「私たちの仕事はコンサルタントではない。現地との共存共栄が基本。特に情報と人では、現地と日本の”かけ橋“になるべく積極展開したい」と述べています。

それを称して「ブリッジサービス」と表現したところ、現地ベトナム人経営者から素晴らしいと感激されたそうです。現地では経済の定期刊行雑誌を発行するほか、11年にはホーチミン市内のショッピングモールに出店。日本の商品、日本文化、料理などをアジアの人たちにも身近に触れてもらおうと、独自の「ジャパンスタイルショップ」も始めています。

◆アジアで求められる日本からの情報発信

カンボジア、ミャンマーなどへの展開も進める毎日。日本人は確かにアジアの国々では好印象として受け止められていますが、情報発信やプロモーションの面では「中国、韓国の方がうまい」と近藤さん。現地では韓国のドラマ、バラエティー、歌番組が毎日、視聴できるのに、日本の番組は皆無の状態。日本の存在感がどこか希薄に見えるといいます。

今、20年の東京五輪決定で、日本では五輪特需も叫ばれていますが、50年前の東京五輪とは明らかに違う点がある、と近藤さんは言います。それは、少子高齢化による異常ともいえる人口減少。建設、外食産業にしても働き手不足が深刻化し、現場に職人がいない事態に見舞われているのです。これに比べると、今のアジアは50年前の日本と似たような勢いのある成長期。来日したインド首相の日本への熱い視線、期待を見るまでもなく、日本への期待は益々高まることでしょう。近藤さんたちの挑戦が続きます。

13 赴任先のタイでオーガニック農法による起業

◆環境を守るために農業を志す

宮崎市出身の大賀昌さん（58歳）は、ちょっと変わった経歴があります。大きな海原に憧れて入学したのは東海大学海洋学部。しかし、現実は違って見えました。「そもそも、狭い養殖いけすの中で、イワシや合成飼料に抗生物質を混ぜたような餌を与える養殖技術は好きではなかった」。魚と共生し合えるようなコンセプトを持つ海洋牧場に憧れていたといいます。

将来は環境に貢献できるような仕事をしたい。それが後に人生の大きな転機を迎えることになるのです。大学卒業後は、オーストラリアに渡り、総合病院で勤務。老人介護なども病院勤務時代に実践してきました。１９８５年に帰国し、今度は福岡市内の医療用具製造販売会社に就職。台湾勤務を経て、タイ現地法人の社長も勤めました。この会社も98年には米国企業に買収。「日本の企業に比べ米国の新会社は利益最優先。企業だからある程度は理解できるが、馴染めなかった」。退社するかどうか大分迷った末、99年決断。「農業をやろう」。それも、これまでのような農薬漬けの農業ではなく、「農薬と化学肥料を使用しない農業」をするという目標を立てたのです。

これがオーガニック農法と呼ばれるものでした。故郷・宮崎県でも農薬の河川への流出で魚が大量に浮いて死んでいたのを幼い頃に目撃したこともあり、環境を守る仕事に就きたいとの思いが一気に広がりました。幸い、バンコクから東北に約150㎞にあるカオヤイ山脈の麓に約4万坪の手付かずの土地が見つかったのです。日本のマンションなどを売却したものの資金不足。地元銀行だけでは足りずに、かつての上司だった台湾現地法人社長にも頼み込んで理解を得て、ようやく資金のメドが付き、会社を設立しました。

◆社名は「自然と人間の調和」

会社の名前は「ハーモニー・ライフ・インターナショナル」。タイ株51%、外国株49%。社長は大賀さん。社名は「自然と人間の調和」という意味です。初期投資の資金は、"要"となる農業用水確保（地下水汲み上げ）等で、総額

1億2000万円もかかった、といいます。しかし、最初の4~5年間は収穫も安定せず、資金繰りも大変。無農薬のため、病害虫が多いなど、苦労も多く、無農薬有機農法の実践農家を招くなど試行錯誤の繰り返しでもありました。

この間、タイ国王のプロジェクトのひとつ、溜池建設に協力、1万2000人以上に農業用水を供給できたことで、タイ国政府総理府から特別表彰。モロヘイヤを活用してのモロヘイヤヌードルやオーガニックハーブティー等の食品の製造、環境に優しい洗剤、石鹸、ボディーソープ等の開発も開始しました。

04年には、タイ国農業協同組合省から念願のオーガニック農園の認可が下りました。オーガニック農法は、70年代にドイツの国際有機農業運動連盟(IFOAM)で基準が作られました。欧米はじめ世界各国では、この時に決まった内容を基に認可基準を設けています。

細かい規則は多いのですが、おおむね11項目にまとめられています。例えば、3年以上農薬、化学肥料を一切使用していない、遺伝子組み換えの「種」でない、農業用水や農作物洗浄の水に化学物質が含まれていない、周りの農場から農薬の影響をうけないこと等々、かなり厳しい基準です。

大賀さんのハーモニーライフ社は、タイ国のオーガニック認可を皮切りに

オーガニック認可の各国ロゴマーク

CANADA Organic Farm
（カナダ）

IFOAM
（国際有機農業運動連盟）

EURO
（ＥＵ加盟諸国）

Organic Thailand Mark
（タイ）

halal

USDA
（米農務省）

USDA（アメリカ農務省）、IFOAM（国際有機農業運動連盟）、EUROOrganic（ＥＵ加盟諸国）、CANADA Organic International Organic Certificated Farm（カナダ）のオーガニック認可を満たし、「ロゴマーク」の付与も許可されています。

◆オーガニック商品が世界の主流になる

世界10ヶ国で農産物や、工場で製造した自然食品、商品を販売。タイやインド、日本、カンボジアでオーガニック農法の指導及び食の安全、環境問題の改善にも。研修生は、近隣諸国を含め年間４００人に及びます。売上はこの15年間、毎年10%〜15%程伸び、今年は年商８０００万バーツ（２億５０００万円）を超える見込み。しかし、初期投資と最初の６年間の赤字、第

2工場の建設費用、設備投資などを考慮すると、真の利益はこれからです。

「オーガニック商品が世界の主流になる。多少価格が高くてもネット等を活用して農業者から消費者に直接、商品が届きます。流通システムも大きく変わっていく」。12年には『メコンの大地が教えてくれたこと　大賀流オーガニック農法が生み出す奇跡』を出版（カナリア書房）。「あとがき」で、オーガニック農法を実践して気付いたことは「健康な野菜を栽培すれば、虫も食べないし、病気にもならない」ことだった、と述べています。化学肥料や農薬、完熟していない肥料を使う農場では病害虫が増え、さらに農薬を使わなければならなくなります。地球環境改善の闘いは始まったばかりです。

●連絡先　http://www.harmonylife.co.th

14 リタイア後に根強い出版への執念

◆Web配信交えた出版社の集客合戦激化

出版不況の中で、依然として根強いのが出版希望者。小説、ドキュメント、秘録物からビジネス、科学分野まで、幅広い希望者が出版社の門をたたきます。

希望者と出版社の橋渡しを専門に扱う群像もいます。大手紙等に大きな出版広告を掲載したり、新聞1面等に出稿するこれまでの手法の他に、Ｗｅｂ配信、セミナーでの集客も増えています。

多くはメールマガジンやブログ等で読者候補を集め、登録。出版が近づくと執筆者や有名人などの座談会や講演等を予告し、集客。会場では購入予約も受け付けます。本を購入した特典として、外国などから招いた著名人の講演を無料で聴ける特別券を発行する方法もあります。私も会場に何回か足を運んだ経験があり、多くは熱気に包まれ、イベントのような雰囲気。店頭で1冊ずつ販売する多くの書店が出版不況に直面する一方で、こうしたＩＴを巻き込んでの販売戦略は、出版業界にも少なからず影響を与えそうな勢いです。

◆シニア新聞人の意欲的な出版・メディア術

ニュースの最先端を行く新聞社、放送などメディア関係者。現役中は自身の出版を控えていますが、「卒業」を待っていたかのように、本の制作やフリーライター、評論活動を本格化に始める傾向にあります。私の〝古巣〟である信毎も同じ。編集同期・徳竹康彰君初め、中田敬三、桜井一郎、清水昭次郎、花島堯春、黒田重夫、和田千脩各氏といった諸先輩が、地元の長野市民新聞、週刊長野、松本平タウン情報等を舞台に旺盛な執筆活動を展開。著作もあります。

また、私は日本新聞協会で労務、販売両委員会に属し、大手紙、地方紙幹部との交友を通じて、貴重な著作をお送りいただくことも多くあります。同じ新聞記者出身ながら、「これからはネットメディアの時代」として、主にインターネットによる情報発信に力を入れてきたOBもいます。

新聞界をみると差はあるものの、本紙に加え電子版や電子情報も並行して提供する新聞社が増えています。出版界も電子書籍を避けて通れなくなっているのです。今回のシニア起業の取材を通じ、そうした流れも強く感じました。今後、情報・出版関係で起業を目指す方のために、その一部を紹介します。

◆登山を社会学にまで押し上げた元日本新聞協会賞受賞記者

2001年に文藝春秋社から、ちょっと珍しい題名の新書が発刊されました。『山の社会学』。当初はやや題名にいぶかる向きもありましたが、まもなく都会を中心に売れ行きが伸び始め、ついに5刷り、3万部近いヒット作に。仕掛けたのは菊地俊朗さん（79歳）。山に憧れ、早大卒業とともに東京から長野市に本社がある信濃毎日新聞社に入社。昭和39年には長野県山岳連盟を中心とするヒマラヤ・ギャチュンカン登山隊に参加。その遠征報道で日本新聞協会賞（編集部門）を受賞した山の専門家だったのです。

なぜ大衆登山ブーム隆盛? その理由を「コンビニと高速網の普及」と分析。社会学としての〝地歩〟を固めました。山の環境問題、入山規制から遭難救助ヘリ、山小屋の裏話、戦国時代の佐々成政の冬山越えなど、山岳史は虚像に満ちていると、興味ある話題も提供。私が昭和42年信毎に入社した時の社会部キャップで、サツ回りの初年兵は朝から晩までよくしごかれたものです。

今回、このような形で〝巡り合う〟とは想像できないことでした。社会部長等を経て常務・松本本社代表を最後に退職。監査役となり、編集者の薦めで書き貯めた原稿を再編したといいます。14年8月に12冊目となる『ウェストンが来る前から、山はそこにあった』（信濃毎日新聞社刊）を出版。年間30日間位は山に入るという菊地さんの執筆意欲は衰えそうもありません。

◆ご先祖のルーツを突き止めた元廻船問屋の末裔記者

『容貌怪異なり　北前船から鉄に乗り替えた夷族　湊友松の生涯』。こんな題名の「小説」が世に出たのは02年。著者はトーマス　湊＝本名・湊保さん（79歳）。早大卒業後社会部、運動部、外報記者として鳴らした元北海道新聞記者です。「容貌怪異」なる人物は、湊さんの祖父。反骨でも知られた湊友松。明治6年生まれ。終戦前の昭和18年に他界、70歳でした。保さんは01年、エフエム北海道常務を最後に退職。幼い頃の祖父像は穏やかな紳士でしたが、新聞や地元の文献の印象とは違っており、以後、本格調査を開始しました。

旭川で古銅鉄商として財をなし、地元の政財界や軍、ソ連等とも交流。そのルーツを求めて金沢やサハリン、ウラジオストクまで出向き、金沢市・金石港で大きな勢力を張っていた廻船問屋・湊家16代の由来まで突き止めました。これを小説風に仕立てたのです。400ページを超える力作。ルーツ探しにとどまらず、日本、ソ連など周辺諸国の政財界の裏面史としての評価も得ました。

湊さんは労務部長時代、私と同じ新聞協会労務委員。同協会・鳥居元吉前専務理事や新聞各社約10社と共に、89年、ニューヨークタイムズ等米国新聞界の労務事情視察にも参加しました。

◆元サイゴン特派員のもうひとつのベトナム戦争

元日本経済新聞記者の牧久さん（73歳）は75年、サイゴン・シンガポール特派員として現地に。激しさを増すベトナム戦争。国外強制退去となるまで翻弄される市民の姿を追った『サイゴンの火焔樹―もうひとつのベトナム戦争』（ウェッジ社刊）を退社後に出版。南ベトナム民族解放戦線の女兵士と結婚した元日本兵の銀行員や、ボートピープルとなったベトナム人画家との30年ぶりの邂逅など、臨場感あふれる"知られざるベトナム戦争実録"です。

帰国後、社会部長、常務総務・労務・製作担当を経て専務、代表取締役副社長、テレビ大阪会長を最後に退任。現在はジャーナリストとして執筆活動中。ウェッジ社から『不屈の春雷　十河信二とその時代』（13年9月刊）等3冊を出版。満蒙開拓をテーマにした本も出す予定です。私が労務部長時代、牧さんも人事部長。新聞協会労務委員会等でも大分お世話になりました。早大卒。

◆新聞販売界の面々の多彩なシニア歴

板垣保雄さん（78歳）は、元読売新聞東京本社常務販売局長、大阪本社社長・会長等を歴任。読売新聞販売陣営の中でも歴戦の１人。日本新聞協会販売委員会委員長も務めました。その仕事ぶりの半面、几帳面な面も。09年には「板垣保雄の日記」１冊目を非売品で約２５０冊制作し、関係者に配布。日記には、当時の生々しい実名もズラリ。歯に衣を着せない"辛口寸評"が話題に。新聞販売界の裏面史にもなっています。すでに3冊発行し、4冊目に挑戦中。東北大卒。

半田久米夫さん（77歳）は元高知新聞の社会部の猛者。取締役販売局長、専務等を経て高知放送社長など歴任。趣味のゴルフ人脈を生かし、ＲＫＣラジオ番組「されどゴルフ」でパーソナリティーを担当。出演ゲストを中心に『されどゴルフ　私のゴルフ交遊録』（高知放送発行）にまとめました。東洋大卒。

小野塚三郎さん（75歳）。元新潟日報社販売局長、常務。販売一筋。販売委員会副委員長時代、"論客"で鳴らした。退任翌年の03年、写真集『山のないろ物語―見事な野草写真も撮りました。仕事の合間を縫っては各地を登山、山野草にふるさとを想う』（新潟日報事業社刊）としてまとめました。法大卒。

野方正治さん（70歳）。元熊本日日新聞記者。社会部長、販売局長、常務等を経てエフエム熊本社長。12年退任し、エフエム在勤中に寄せたコラムをまとめ、『鈍牛さんの　ひとりごと　コラム&エッセー』（熊日情報文化センター刊）として出版。私とは、早大法学部時代の同期。記者を振り出しに、労務、販売両委員会でも一緒。販売委員会では共に副委員長も務めた珍しい間柄。共通の知人、友人も多くいます。

◆生涯現役経済ジャーナリストの心意気

メディアオフィス「時代刺激人」代表、経済ジャーナリスト（毎日新聞・ロイター通信ＯＢ）の牧野義司さん（71歳）は、早大時代からの親しい友人。毎日新聞東京本社に入社以来、日銀担当など経済記者として15年間活躍しました。

88年にはロイター通信・日本法人ロイタージャパンに転職。01年には、ロイター日本語サービス編集長に就任。翌年、ロイターを退職し、経済ジャーナリストとして独立。59歳でした。その後、しばらくアジア開発銀行メディアコンサルタントを務めましたが、06年に上記のメディアオフィス「時代刺激人」を設立、代表に就任しました。

農林漁業金融公庫（現日本政策金融公庫）、アジア開発銀行とメディアコンサルティングの業務委託契約を結んで収入を確保。その一方で、現場取材の成果をネット上の「時代刺激人」コラムで不特定多数の人たちに無料配信。この間、11年の原発事故後、国会東京電力原発事故調査委員会（通称国会事故調）でも、メディアコンサルタントとして活躍しました。

メディアオフィスの主な狙いは、成熟国家・日本の〝衰退阻止〟。新しい社会システム変革に繋がるような先進モデルを発掘し、ネットで発信すること。これまでに発信したコラムは２５０回を超えます。対象は農業からモノづくり、地方再生、アジア経済など多岐にわたります。最近では、人口減少対策の先進例として島根県の離島の海士（あま）町プロジェクトや、地方に本社機能の一部を移し、現地雇用創出に力を入れ始めた建設機械メーカー・コマツの〝地方回帰作戦“も紹介。

「ハードコピーの新聞がまったくダメ、という訳ではないが、やはり、これからはネットメディアの時代と判断しました」とキッパリ。メディア不信が強まる中で、シニアジャーナリストとしての鋭い問題意識、メディアで培った経験への評価も上がり、講演依頼も多数。メディアコンサルティングでシニア起業のビジネスモデルを構築した牧野さんの生き方は大いに参考になるでしょう。

あとがき

出版のオファーをいただいてから、高齢の身内のアクシデントが相次いだ。4年前の3・11東日本大震災時に、横浜のマンションで転倒して骨折、長野に身を寄せていたカミさんの母親が2014年夏、90歳目前にして他界。他の身内も手術。私も最終段階で体調を崩すなどで、実質的な執筆は1ヵ月程。カナリアコミュニケーションズの佐々木紀行社長はじめ、編集の今村冨士雄氏ら関係の皆様にご迷惑をお掛けしました。お詫び申し上げます。

今回のテーマでもあるシニア問題そのものと言える出来事が、まさに「同時進行」で襲ってくるとは…。少子超高齢社会の断面を改めて実感させられたことでした。この間、国や全国市町村、関係団体などは日本の財政危機はじめ、少子超高齢社会、人口減少時代に関わる「地方消滅」「年金、医療、消費税問題」等々、堰を切ったように、その対策に動き出しました。

途中で、何回も書き直さなければならない程のスピードで、それだけ関係者の意気込み、真剣さも伝わってきました。労働人口減少という、大きな問題を抱え、政府の目指す経済成長戦略も厳しい運営を強いられそうです。今回の取材では、全国各地のシニア層や女性、若い層からも元気な声を聞くこともできました。

13年5月。リタイア直後に、カミさんと、約1週間の旅行に出ました。昭和42年の新聞社入社以来、2人で旅に出掛けるのは今回が初めて。「あまり変わったことをすると、何とか、といわれるでしょ」。娘たちには、心配されたり、冷やかされたり、の出発でした。飛行機が苦手のカミさんは列車が条件。

まず、20年に一度の式年遷宮が行われている伊勢神宮の参拝。長崎を経て、鹿児島では日本新聞協会関係の全国販売局長経験者のOB会。翌日は熊本城をちらりと見て、山口から山陰本線で出雲大社に。ここでも、60年に一度の「御遷宮」。諏訪大社の〞親〝とも言われる壮大な神社です。飛び込みで浅野温子さんの「古事記よみ語り」を拝聴。正直、感動しました…。

長崎では「おくんち」でも知られる諏訪神社も参拝しました。私は信州のほぼ中ほどにある諏訪の生まれ。諏訪大社下社の春宮（下諏訪町）が子供の頃からの遊び場でした。7年に一度の諏訪御柱祭は、勇壮な「木落とし」があり、皆さんもテレビなどの映像でご覧になったこともあると思います。全国の諏訪神社は約1万社もあると言われます。御柱祭が近付くと血が騒ぎます。

２０１５年春は北陸新幹線（長野経由）が金沢まで延び、長野の善光寺御開帳。16年には次の諏訪御柱祭です。今度の祭りでも全国から多くの友人がやって来ることでしょう。そして「もうひと御柱」に向けて頑張りましょう。シニアの皆さん、覚悟はつきましたか。今こそ挑戦の時です。今度こそ、起業で「新しい生き方」を探しましょう。

起業に関する専門的な事項については、懇意の税理士、司法書士先生らにもご教示を頂いた。武井綾子、宮原靖子2人の娘達にも、力を貸して貰った。とりわけ妻・真知子に負うところが大きかった。それぞれ有難うございました。

◆株式会社メディア通商＆岩本弘の「情報発信」
会社ホームページ　http://hoken-dairi.jp/
E-mail　info@media-tsusho.com
フェイスブック　hiromu.iwamoto.9@facebook.com
ツイッター　岩本弘 @iwannyn
ブログ　http://gold461.blog.fc2.com/

◎創業・起業　問い合わせ先〈中小企業庁関係〉

問い合わせ先		電話番号	管轄都道府県
北海道経済産業局 新規事業室	〒060-0808 札幌市北区北８条西2-1-1 札幌第１合同庁舎	011-709-2311	北海道
東北経済産業局 産業支援課	〒980-8403 仙台市青葉区本町3-3-1 仙台合同庁舎	022-221-4882	青森　岩手　宮城 秋田　山形　福島
関東経済産業局 新規事業課	〒330-9715 埼玉県さいたま市中央区新都心1-1 さいたま新都心合同庁舎１号館	048-600-0275	茨城　栃木　群馬 埼玉　千葉　東京 神奈川　新潟　長野 山梨　静岡
中部経済産業局 経営支援課 新事業支援室	〒460-8510 愛知県名古屋市中区三の丸2-5-2	052-951-2761	愛知　岐阜　三重
中部経済産業局 電力・ガス事業 北陸支局産業課	〒930-0856 富山市牛島新町11-7 富山地方合同庁舎	076-432-5401	富山　石川
近畿経済産業局 創業・経営支援課	〒540-8535 大阪市中央区大手前1-5-44 大阪合同庁舎１号館	06-6966-6014	福井　滋賀　京都 大阪　兵庫　奈良 和歌山
中国経済産業局 経営支援課	〒730-8531 広島県広島市中区上八丁堀6-30 広島合同庁舎２号館	082-224-5658	鳥取　島根　岡山 広島
四国経済産業局 新規事業室	〒760-8512 高松市サンポート３番33号 高松サンポート合同庁舎	087-811-8521	徳島　香川　愛媛 高知
九州経済産業局 新産業戦略課	〒812-8546 福岡市博多区博多駅東2-11-1 福岡合同庁舎	092-482-5438	福岡　佐賀　長崎 熊本　大分　宮崎 鹿児島
内閣府 沖縄総合事務局 地域経済課	〒900-0006 那覇市おもろまち2-1-1 那覇第２地方合同庁舎２号館	098-866-1730	沖縄
中小企業庁 新事業促進課	〒100-8912 東京都千代田区霞が関1-3-1	03-3501-1767	
総務省 地域力創造グループ 地域政策課	〒100-8926 東京都千代田区霞が関2-1-1	03-5253-5523	

◎主要参考文献・論文

厚く御礼申しあげます。

『いつやるか？今でしょ！』（林修著・宝島社刊）
『日本人の生き方を変える７人の起業家』（森部好樹著・日経ＢＰ社刊）
『世界の名言100』（遠越段著・総合法令出版刊）
『儲かるアメブロ改訂版〜新・ネットで稼ぐ方程式』（田渕隆茂著・ソシム刊）
『副業で100万円稼ぐ！カンタン最強アフィリエイト』（時枝宗臣著・ソシム刊）
『Amazon輸出ビジネスがわかる本』（堀英郎著・ソシム刊）
『輸入ビジネス　儲けの法則』（大須賀祐著・現代書林刊）
『ライバルに差をつける！「Amazon輸出」実践編』（山村敦著・日本実業出版刊）
『ebayではじめる個人輸入＆輸出ビジネス』（BUCH⁺編著、佐藤尚規著・ソシム刊）
『起業するなら主婦がイチバン』（治面地順子著・明日香出版社刊）
『65歳定年制の罠』（岩崎日出俊著・ベスト新書）
『年金に頼らない生き方』（布施克彦著・ＰＨＰ新書）
『財務省が隠す650兆円の国民資産』（高橋　洋一著・講談社刊）
『アメリカは日本経済の復活を知っている』（浜田宏一著・講談社刊）
『帝国の逆襲＝Empire Strikes Back,Again.金とドル最後の闘い』（副島隆彦著・祥伝社刊）
『考　Ⅳ　未来への選択と新聞』（中馬清福著・信濃毎日新聞社刊）
『認知症の正体』（飯島裕一・佐古泰司著・PHPサイエンスワールド新書）
『電子書籍大国アメリカ』（大原ケイ著・アスキー新書）
『YouTubeでビジネスを加速する方法』（武藤正隆著・ソーテック社刊）
『YouTubeをビジネスに使う本』（熊坂仁美著・日本経済新聞出版社刊）
『幸福の商社、不幸のデパート』（水野俊哉著・大和書房刊）
『会社と家族を守って借金を返す法』（三條慶八著・フォレスト出版刊）
『お旗本の家計事情と暮らしの知恵』（小川恭一著・つくばね舎刊）
『仮面社畜のススメ』（小玉歩著・李白社、徳間書店刊）
『もう、年金に頼らない』（中村静雄著・アルマット刊）
『電子書籍元年』（田代真人著・インプレスジャパン刊）
『資産フライト「増税日本」から脱出する方法』（山田順著・文春新書）
『下山の思想』（五木寛之著・幻冬舎新書）
『新老人の思想』（五木寛之著・幻冬舎新書）

◎主要参考文献・論文

『副業で確実に月30万円稼ぐ！
ネットでかんたん在宅輸入ビジネス』（日本輸入ビジネス協会著・秀和システム刊）
『幕末武士の失業と再就職』（中村豊秀著・中公新書）
『「会津の悲劇」に異議あり
【日本一のサムライたちはなぜ自滅したのか】』（八幡和郎著・晋遊舎新書）
『認知症と長寿社会　笑顔のままで』（信濃毎日新聞取材班・講談社現代新書）
『社会保障亡国論』（鈴木亘著・講談社現代新書）
『インド財閥のすべて』（須貝信一著・平凡社新書）
『インドと組めば日本は再建できる』（鈴木壮治、アッシュ・ロイ著・幻冬舎刊）
『世界国勢図会2013~2014』（公益財団法人　矢野恒太記念会刊）
『日本国勢図会2013~2014』（公益財団法人　矢野恒太記念会刊）
『限界集落と地域再生』（大野晃著・信濃毎日新聞社刊）
『ゼロから始めて確実に夢を叶える農業起業』
（蓮見よしあき著・みらいパブリッシング刊）
『日本の田舎は宝の山』（曽根原久司著・日本経済新聞出版社刊）
『90日間で30万稼ぐ　かんたん「ネット輸入＆販売」』
（山口裕一郎著・ぱる出版刊）
『連合赤軍「あさま山荘」事件』（佐々淳行著・文藝春秋刊）
『私を通りすぎた政治家たち』（佐々淳行著・文藝春秋刊）
『3桁で儲かるアフィリエイト』（込山剛史著・秀和システム刊）
『池上彰のアフリカ　ビジネス入門』（池上彰著・日経ＢＰ社刊）
『個人事業のままでは損！会社にするとゼッタイ得する！』
（寺内正樹著・かんき出版刊）
『IT、情報活用、セキュリィで右往左往しない社長の鉄則77』
（近藤昇著・明日香出版社刊）
『登園しぶり　登校しぶり』（内田良子著・ジャパンマシニスト刊）
『あなたの経験・知識をお金に換えるノウハウ「ゼロ起業」』
（吉江勝、北野哲正著・実業之日本社刊）
『身のたけ起業』（井口晃著・角川フォレスタ刊）

●著者プロフィール

岩本　弘（いわもと・ひろむ）

1943年長野県生まれ。株式会社メディア通商代表取締役。シニア起業塾企画・運営。元信濃毎日新聞記者。連合赤軍軽井沢あさま山荘事件など、多くの事件や企画・特集を取材する一方、著名人のインタビューなども担当。のち労務部長を経て取締役販売局長。信濃毎日新聞の主要関連会社のひとつである㈱信毎販売センター、信毎販売㈱、㈱信毎観光等の社長を歴任。

また、コンビニなどに新聞を卸す㈱長野県ソクバイ、㈱長野県折込広告センター、長野市民新聞㈱、㈱松本平タウン情報などの新会社を立ち上げ・合併するなど、最前線で経営にあたる。長野商工会議所議員として長野から金沢への新幹線延伸対策特別委員長、日本新聞協会等でも販売委員会、中央協各副委員長なども歴任。2013年にはリタイアした70歳の古稀を目前に起業。

年金危機、医療費、諸物価高騰不安など、深刻化する少子超高齢社会、人口減少社会への対応策のひとつとしてシニア起業を提案、若い世代にも心構えを説く。同年春に、日本に初登場した単独型「弁護士費用保険Mikata」の普及にも力を入れている。

諏訪清陵高校を経て早大法学部卒。長野東RC所属、長野市在住。

挑戦しよう！定年・シニア起業

2015年1月20日（初版第1刷発行）

著　者　岩本　弘

発行人　佐々木紀行
発行所　株式会社カナリアコミュニケーションズ
〒141-0031　東京都品川区西五反田6-2-7
ウエストサイド五反田ビル3F
Tel.03-5436-9701　Fax.03-3491-9699
http://www.canaria-book.com
印刷所　創栄図書印刷株式会社
装　丁　gmdesigning

ISBN978-4-7782-0291-0 C0034

カナリアコミュニケーションズの書籍ご案内

2014年5月7日発刊
価格　1300円（税別）
ISBN978-4-7782-0270-5

お金のことはおれに聞け

様々な助成金を入手するテクニックが満載！

蒲島　竜也　著

人材がらみで税金が安くなる方法があることを知っていますか？

元銀行員で今は社会保険労務士として開業している著者が、資金調達のプロ直伝！助成金、人材がらみで税金が安くなる方法、国による中小企業に対する旋策の原則論であるもの、少し裏ワザ的なものもわかりやすく解説。

2014年8月25日発刊
価格　1300円（税別）
ISBN978-4-7782-0275-0

キャディ思考

"最高の自分"になるため、プロキャディからのアドバイス

杉澤　伸章　著

プロキャディという仕事のまたの名は「気づかせ屋」。

野球でいえば監督、サッカーでいえばボランチ（司令塔）。

丸山茂樹ほか多数のプロゴルファーの活躍を支えた著者が、世の中に羽ばたこうとするすべての人に向けキャディ思考でアドバイスし、多くの「気づき」を与えてくれる１冊。